산다는 것이 이렇게도 즐거울 수 있는가!
산다는 것이 이렇게도 감사할 수 있는가!
하늘이, 산들이 모두 살아서
나에게 다가오는 것은 어인 일인가!

내면세계의
치유

정태기 지음

펴낸날 | 2000년 11월 23일 초판발행
2022년 9월 15일 개정 63쇄

펴낸이 | 정태기
펴낸곳 | 상담과치유

출판등록 | 제22-1163호
주소 | 서울시 서초구 방배동 877-15번지
대표 전화 | 02-599-2400 팩스 | 02-599-2468
홈페이지 | www.chci.or.kr
이메일 | chci@chci.or.kr

값 13,000원

ISBN 978-89-87670-17-1 03180

● 잘못 만들어진 책은 바꿔 드립니다.
● 지은이와 협의에 의해 인지를 붙이지 않습니다.
● 본사의 허락 없이 무단전제를 금합니다.

크리스찬치유상담대학원대학교
정태기교수의 내면세계치유기

내면세계의 치유

정태기 지음

머리말
한 사람의 치유자로 빚어지기까지

나는 상처가 많은 사람이었습니다. 무서운 아버지 때문에 불안과 공포가 내 마음 속에 뿌리를 내렸고, 남편 사랑을 잃어버린 어머니는 '일중독자'로 들에 나가 살았기에 어머니의 사랑에도 허기를 느끼며 어린 시절을 보내야 했습니다. 그 후유증으로 나는 사람들을 두려워하게 되었고, 나의 감정을 있는 그대로 표현하지 못하고 억압하면서 살았습니다.

내 나이 서른이 넘을 때까지 귀가 닳도록 들었던 말들은 자존심이 쎈 사람, 말이 없는 사람, 착실한 사람, 얌전한 사람, 소극적인 사람, 꿔다 놓은 보리자루였습니다. 사람들 앞에 서면, 특히 여자들 앞에 서면 다리를 후들후들 떤다고 해서 붙여진 재봉틀이라는 별명까지….

내가 만나는 모든 사람들은 나를 무시하는 것만 같았고, 나를 좋아하지 않을 것 같았습니다. 그래서 나의 얼굴 표정은 언제나 굳어 있었습니다. 그것은 분명 내가 원하는 삶이 아니었습니다.

이런 나에게 기적이 찾아왔습니다. 잃어버렸던 나의 참된 자아를 되찾게 된 것입니다. 이 기적은 나이 서른여섯에 만난 한 치유그룹을 통해서 일어났습니다. 무려 일 년 동안이나 계속된 치유작업을 통해 어둠 속에서 태양이 비치는 세상으로 걸어나온 것입니다.

산다는 것이 이렇게도 즐거울 수 있는가!
산다는 것이 이렇게도 감사할 수 있는가!
하늘이, 산들이 모두 살아서
나에게 다가오는 것은 어인 일인가!

못 살겠다고 야단치는 사람들이 천지인데 이렇게 노래가 절로 나오는 걸 보면 나는 분명 푼수떼기인가 봅니다. 아무러면 어떻습니까! 세상이 나를 푼수라 해도, 나는 오늘을 산다는 것이 마치 소풍 나온 어린애마냥 즐겁기만 합니다. 남달리 명예나 권력, 큰돈을 가진 것도 아니지만 하루하루가 기쁘고 즐겁습니다.

때때로 찾아오는 근심거리에 시달리고, 화나게 하는 사람들을 만나야 하며, 열등의식을 갖게 하는 일들이 하루에도 수없이 일어나지만 하늘을 보면 나의 삶이 너무 감사해서 울먹이게 됩니다.

만약에 그 사람들이 없었더라면, 그 사건들이 나에게 일어나지 않았더라면 오늘의 나도 없었을 것입니다. 나는 내가 스스로 만들어온 것이 아닙니다. 그 사람들과 그 사건들 때문에 나에게 주어진 하나님의 은총입니다.

그들 중에서 나의 아버지 얼굴이 맨먼저 떠오릅니다. 나는 아버지로부터 많은 상처를 받았습니다. 그런데 그 상처로 인해 상처를 치유하는 사람이 될 수 있었습니다. 그래서 아버지가 그렇게 고마울 수가 없습니다.

그 다음 내 가슴속에 파고드는 분은 나의 사랑하는 어머니입니다. 오늘을 살아가는 나의 삶은 어머니로부터 받은 유산입니다.

초등학교 3학년 때 울면서 나를 때리시던 선생님 얼굴도 생생합니다. 내가 가장 힘들 때 나보다 나를 더 염려해주고 사랑해준 친구와 강의실에서 함께 웃고 울던 사랑하는 제자들… 이런 사람들을 만나 함께 산다는 것이 얼마나 신비스러운지 모릅니다.

하나님의 가장 큰 축복은 좋은 사람을 만나는 것입니다. 나는 지금 그 축복을 누리며 살고 있습니다.

이 책에서 나는 하나님이 나 한 사람을 치유하시기 위해 어떻게 역사하셨는가를 말하고 싶었습니다. 그래서 자연, 사람, 그리고 여러 가지 아픈 사건을 통해서 하나님이 나에게 어떻게 찾아오셨는가를 치유의 관점에서 정리해보았습니다.

정태기 교수

머리말
한 사람의 치유자로 빚어지기까지 | 4

step 1 **나를 찾아 떠나는 여행**
1. 내 마음속 운전사 | 12
2. 영적 갈망과 전인 건강 | 25
3. 나는 누구인가? | 40

step 2 **만남에서 상처받고 만남에서 치유되고**
4. 아름다운 만남들 | 58
5. 상한 감정의 치유 | 90
6. 신비로운 만남 | 101

step 3 **하나님 체험을 통한 내면세계 성장**
7. 속사람의 성숙을 위한 영적 체험 | 116
8. 영적 체험에서 오는 치유 | 132

step 4 **건강한 자아상 만들기와 물려주기**
9. 자신과 만나는 체험 | 158
10. 자아상이 싹트는 자리 | 177
11. 자녀에게 건강한 자아상 물려주기 | 198
12. 영적 유산이 사람을 변화시킨다 | 221

맺는 글
내면세계 치유의 여덟 가지 원칙 | 241

step 1
나를 찾아 떠나는 여행

1. 내 마음속 운전사

어느 날 나무꾼이 어미를 잃은 독수리 새끼를 발견했습니다. 불쌍히 여긴 나무꾼은 독수리 새끼를 데려다가 병아리 우리에 넣어 길렀습니다. 시간이 흘러 병아리는 닭의 형상으로, 독수리 새끼는 독수리의 형상으로 자랐습니다. 하지만 독수리는 자신이 독수리라는 사실을 깨닫지 못했습니다.

어느 날 그 독수리는 낯선 독수리 한 마리가 날개를 활짝 펴고 유유히 하늘을 날고 있는 모습을 보았습니다. 하늘을 나는 독수리가 자신의 동족임을 꿈에도 알 수 없었던 그 독수리는 두려움과 부러움이 섞인 눈으로 하늘을 바라보면서 탄식했습니다.

"아, 한 번만이라도 저렇게 멋진 모습으로 날아봤으면…."

이 독수리 안에 들어 있는 닭이 바로 당신과 내가 안고 있는 '문제'입니다. 분명히 날 수 있는데도 날개를 펴볼 생각조차 못하게 하는 무엇인가가 우리 안에 들어 있는 것입니다. 그것은 독수리인 우리에게 끊임없이, "너는 닭이야, 그러니 절대로 날 수 없어!"라고 속삭이면서 작고 구부러지고 부정적인 시각으로 세상을 바라보게 합니다.

그의 이름은 '마음의 운전사' 입니다. 인생을 성공의 길로 인도해가는 유쾌한 운전사가 아니라 불행의 나락으로 몰고가는 구부러진 운전사입니다. 지금부터 내가 안내하는 '치유상담' 은 우리 안의 닭을 몰아내고, 드넓은 하늘을 자유롭게 날아가는 독수리로서의 자기 정체성을 확인해가는 작업이 될 것입니다.

운전사 마음대로

목동은 말 한마디 않고도 언제나 소를 자유자재로 몰아갈 수 있습니다. 고삐를 잡고 찰찰 때리면 왼쪽으로, 살짝살짝 당기면 오른쪽으로, 딱딱 때리면 빨리, 가만가만 때리면 천천히, 소는 목동이 원하는 방향으로 걸어갑니다. 이런 목동이 우리들의 마음속에도 있습니다. 자신도 모르는 사이에 이 목동이 의도하는 대로 끌려다니고 있는 것입니다.

당신은 혹시 사람들과 맞대면하기가 불편하고 거북하지 않습니까? 혹은 대인관계에서 불안이나 두려움을 느끼고 있지는 않습니까? 그렇다면 지금 당신의 마음속에는 대인관계를 어렵게 만드는 목동이 들어앉아서 매순간, 사사건건 당신의 행동과 감정을 통제하고 있는 것입니다. 그런데 이 목동에 대해 알고 있는 사람은 그리 많지 않습니다. 이 목동이 어떤 연유로, 어떤 경로를 통하여 자신의 마음속에 들어와 자리를 잡게 되었는지, 그리고 지금까지 어떻게 자신을 이끌어왔고, 앞으로 어떻게 이끌어가려고 하는지 대부분의 사람들은 알지 못하고 있습니다.

때론 아주 멋진 목동에게 마음을 지배당하는 행운아도 있습니다. 이런 사람은 어느 곳에서도 두려움 없이, 자신만만하게 자신의 삶을 드러낼 수 있습니다. 하지만 유감스럽게도 이런 경우는 그리 흔치 않습니다. 좀더 포괄적인 설명을 위하여 이제부터는 이 목동을 '마음속 운전사'로 고쳐 부르겠습니다.

우리 인간은 마치 자동차와 같습니다. 자동차는 저절로 알아서 움직이는 게 아닙니다. 반드시 운전사가 운전하는 방향으로만 움직여 갑니다. 어쩌면 우리도 자신도 모르는 사이에 낯모르는 운전사에게 인생이라는 우리의 자동차를 내맡긴 채 살아가고 있는지도 모르겠습니다.

이 운전사들은 우리의 인생만큼이나 다양한 모습을 하고서 우리의 인생자동차를 몰고 다닙니다. 아주 신이 나서 근사하게 차(인생)를 좋은 곳으로 몰고 다니는 운전사도 있고, 불행하고 소극적이며 부정적인 곳으로만 차를 몰고 다니는 고약한 운전사도 있습니다. 또 자신과 타인의 좋은 면만 바라보게 하는 운전사도 있고, 자신과 타인의 부정적인 면만 바라보게 하는 운전사도 있습니다.

자기 정체성 깨닫기

그런데 왜, 언제, 어떻게 해서 이런 운전사가 우리의 마음속에 자리잡게 되는 것일까요? 특히 잘못된 운전사들이 어떻게 우리 마음속에 들어와서 구부러진 인생을 살게 하는 것일까요? 이 책은 잘못된 운전사를 인생의 운전석에 앉히는 바람에 고통을 당하는 사람들을 위하여 준비되었습니다. 나쁜 운전사 때문에 고통을 당하고 있거나 당할 가능성이 있는 사람들을 도우려는 것입니다. 따라서 이 책은, "나는 과연 누구인가? 나는 어떤 운전사에 의해, 언제부터 이렇게 비참한 상태로 끌려다니게 됐는가?"를 추적해보고, 나쁜 운전사를 찾아내어 그를 운전대에서 끌어내는 작업을 하게 될 것입니다. 물론 오랫동안 우리의 마음을 지배해온 운전사들이 쉽게 떠나려 하지 않을 것입니다. 어쩌면 저항하면서 떠나가기를 완강히 거부하게 될지도 모릅니다.

일이 잘 풀리지 않거나 나쁜 일이 연달아 일어날 때 흔히들 '귀신 붙었다'는 말을 합니다. 그런 까닭에 옛날에는 무당들이 활개를 쳤습니다. 하지만 무슨 일이 잘 안 풀린다고 해서 정말 귀신이 붙은 것일까요?

물론 아닙니다! 개중에는 귀신이 장난치는 현상도 있겠지만 만사가 다 그런 것은 아닙니다. 보통은 귀신의 현상이 아니라 살아오면서 우리 마음속에 끌어들인 운전사의 장난인 경우가 더 많습니다. 이 운전사 때문에 진정한 삶의 가치를 인식하지 못한 채 불행한 생활을 계속해 가고 있는 것입니다.

그러므로 진정한 삶의 가치를 인식하고 행복한 인생을 살기 위해서는 우리 마음속에서 이 운전사를 발견하여 쫓아내야 합니다. 그러기 위해서는 자기의 정체성을 정확히 깨달아야 하므로 '나는 누구인가?'에 대해 심각하게 생각해보아야 합니다.

나도 한때는 나 자신을 닭이라고 생각한 적이 있었습니다. 끊임없이 "너는 닭이야, 닭이니까 절대로 날 수 없다고!"라고 속삭여대는 운전사가 내 마음을 지배하고 있었으니까요. 그때는 내가 독수리라는 사실을 결코 깨달을 수 없었습니다. 어린 시절에 내게 들어온 잘못된 운전사가 서른일곱 살이 될 때까지 나를 어둠 속으로 끌고 다녔던 까닭입니다.

나를 닭이라고 끊임없이 속삭여대던 그 운전사가 내 마음에 자리잡게 된 사연은 이렇습니다.

달가울 것 없는 출생

조선조말 20대 초반의 나이로 지방 현감의 자리에 올랐던 나의 외조부는 당시 전국을 휩쓸던 호열자에 걸려 스물일곱 아까운 나이에 요절하고 말았습니다. 그때 외조모도 함께 돌아가셨기 때문에 후일 나의 어머니가 된 열한 살짜리 큰딸과 아홉 살, 일곱 살, 다섯 살바기 병아리 같은 어린 네 남매는 졸지에 고아가 되었습니다. 어린 네 남매는 외조부 – 내게는 외증조부 – 의 손에서 길러졌습니다.

큰딸이던 나의 어머니는 열한 살이라는 어린 나이에 동생들까지 돌봐야 하는 소녀가장이 되었습니다. 그래도 다행히 어머니는 좋은 집안의 규수라는 이유로 혼기가 차자 훌륭한 신랑감과 혼인을 할 수 있었습니다. 부부는 아주 금실이 좋았지만 웬일인지 둘 사이에 아이가 없었습니다. 손이 귀한 집안에서 아이 못 낳는 며느리의 처지는 참담한 것이었습니다. 누이의 시집살이가 막심하다는 소식을 들은 외삼촌들이 어머니를 외갓집으로 데려왔고, 그 바람에 불쌍한 어머니는 본의 아니게 사랑하는 남편과 생이별을 해야 했습니다.

남편의 지극한 사랑에 부모 잃은 상처를 달래가던 어머니가 다시 받은 상처는 이루 말로 다할 수 없는 것이었습니다. 하지만 하염없이 슬

품에 젖어 있을 수만은 없었습니다. 말이 좋아 친정살이지, 사실 아이 못 낳아 친정으로 쫓겨난 소박데기 신세이다 보니 첫 남편을 향한 애끓는 정일랑은 접어두고 서둘러 개가를 해야만 했습니다.

이렇게 해서 만난 어머니의 두 번째 남편이 바로 나의 아버지입니다. 아버지 역시 열두 살 때 어머니를 잃고, 한량이신 조부 밑에서 동생들을 돌보며 살아야 했기에 상처가 많은 사람이었습니다. 외롭게 자라서인지 아버지는 초혼한 부인과 유난히 금실이 좋았다고 합니다. 그런데 불행히도 부인이 아이를 출산하다가 죽고 말았는데 그때 아버지가 몹시 슬피 울었다고 합니다.

첫부인과 사별한 아버지는 소박당하여 친정에 와 있던 어머니와 재혼하여 두 번째 가정을 꾸렸습니다. 지극히 사랑했던 아내를 먼저 저 세상에 보낸 아버지와 돌계집(石女)이라는 이유로 사랑하는 남편과 생이별을 해야 했던 두 사람의 만남은 처음부터 아귀가 잘 맞지 않는 문짝처럼 늘 삐걱대었습니다. 한 이불 속에 누워 자면서도 두 사람은 늘 다른 꿈을 꾸었습니다. 한 사람은 사별한 전 부인을, 한 사람은 이혼한 전 남편을 그리워했습니다.

그런데 놀랍게도 돌계집이라 불리던 어머니가 재혼한 뒤 임신을 하여 아들을 낳았습니다. 남편에게 정을 붙이지 못하던 어머니는 태어난 아들에게 유난히 많은 정을 쏟아부었습니다. 가뜩이나 아내의 정을 얻지 못해 전전긍긍하던 아버지는 아들이 태어나자 그야말로 시렁 위의 찬밥신세가 되어버렸습니다. 아무리 노력해도 아내의 사랑을 얻을 수 없다는 사실에 분노한 아버지는 집을 나가 딴 여자와 살림을 차렸습니다. 아버지와 살림을 차린 여인은 아주 아름답고 젊은 처녀였습니다. 이런 환경 속에서 나는 별로 달가울 것도 없는 둘째아들로 이 세상에 첫 발을 내딛었습니다.

분노의 질긴 울음

어머니 얘기를 조금 더 하겠습니다. 앞서 말한 대로 나의 어머니는 열한 살 때 부모를 잃고 조부모 밑에서 자라다 좋은 집안으로 출가하여 모처럼 행복한 보금자리를 꾸몄습니다. 하지만 소박을 당했고, 재혼한 남편에게서도 버림을 받았습니다. 당연히 가슴속에 켜켜이 많은 한이 쌓였을 것입니다. 어머니는 마치 마음속에 쌓인 한을 일로 씻어버리기라도 하려는 듯 무서우리만큼 일에 집착했습니다. 일중독자가 되어 새벽부터 밤늦게까지 밖에 나가 일에 매달렸습니다. 자식들 조차 어머니의 얼굴 보기가 힘들었습니다.

먼 곳에 딴살림을 차린 아버지는 일 년의 반은 우리가 있는 본가에 와서 지냈는데, 아버지가 집에 있을 때면 어머니도 일하러 나가지 않고 집안에 있는 날이 많았습니다. 그러다 아버지가 다시 작은집으로 돌아가버리면 어머니는 여지없이 다시 일에 빠져들었습니다.

아버지가 집에 없을 때 어머니는 길쌈을 하거나 들일을 하면서 웅얼웅얼 콧노래를 부르곤 했습니다. 산새소리 같기도 하고 바람소리 같기도 한 어머니의 노래, 곡조도 가사도 없는 그 노랫가락은 마치 두견새의 피울음같이 음울했습니다. 어머니의 입에서 한서린 그 웅얼거림이 새어나올 때마다 어린 나에게도 뭔지 모를 슬픔이 전해지면서 가슴이 저릿저릿했습니다.

그렇게 하여 어머니의 그리움, 회한, 아픔의 감정들이 어린 나에게 고스란히 전이되었고, 그것은 급기야 내 안에 악머구리 같은 '운전사'를 불러들이고 말았습니다. 날마다 일 속으로 도망치는 어머니, 딴살림을 차린 아버지, 그 사이에서 우리 형제는 소외되었습니다. 우리 형제의 가슴속에 차곡차곡 분노의 감정이 쌓여가고 있었지만 어머니의 첫정 속에 태어난 형과는 달리 별다른 관심조차 받지 못하던 나의 외로움과 분노는 더 깊고 큰 것이었습니다.

내 안에 쌓인 분노는 질긴 울음으로 터져나왔습니다. 한 번 울음을 터트리면 어머니가 지쳐 두 손을 들 때까지 그치지 않았습니다. 그래서인지 어머니는 내가 떼를 쓰고 울기 시작하면 슬그머니 들로 나가버리곤 했습니다. 어머니가 안 보이면 울음을 그치고 놀다가도 어머니가 돌아오는 기척이 나면 다시 울기 시작할 정도로 끈질긴 나의 울음은 항상 잠들 때까지 이어졌고, 잠에서 깨어나면 또 다시 시작되곤 했습니다.

어느 때는 지쳐 쓰러져 잠든 어머니를 발로 툭툭 차가면서 울기도 했습니다. 한여름에 어머니가 모기장을 치고 잠들어 있으면 모기장을 들추면서 울어댔고, 지쳐 곯아떨어진 어머니가 모기장을 뒤집어 치고 내처 잠이 들면 다시 모기장을 들쳐댔습니다. 어머니는 결국 비상약(말린 낙지 발)을 꺼내다가 내 입에 물려주고서야 다시 잠이 들 수 있었습니다. 어머니가 기어이 낙지 발을 입에 물려줄 때까지 나는 이틀이고 사흘이고 이런 식으로 울음을 그치지 않았습니다.

그런데 신기한 것은 낙지 발이 입에 물려지는 순간 내가 울음을 그치고 잠에 빠져든다는 사실이었습니다. 아침에 일어나면 씹지 않은 낙지 발이 입안에서 퉁퉁 불어 있는 경우도 많았습니다. 사실 나는 그때 낙지 발을 먹고 싶어서 울었던 게 아니라 낙지 발을 챙겨주는 어머니의 사랑과 관심을 확인하고 싶었던 건지도 모르겠습니다.

어린 악머구리

내 안에 가득한 짜증과 욕구불만의 덩어리들은 좀더 커가면서 만만하다 싶은 상대를 향해 터져나왔습니다. 때로 잔인한 행동도 서슴지 않았습니다.

첫번째 희생양은 불쌍한 동네 아낙들이었습니다. 사방이 온통 푸른 바다뿐인, 송곳 꽂을 땅 한 평 변변치 않은 섬사람들의 생활은 늘 배고프고 고달픈 것이어서 매끼 입에 풀칠하는 일조차 만만치 않았습니다. 하지만 우리 집은 섬에서 행세깨나 하는 부잣집이었으므로 농사철이면 일손을 거들어주고 밥을 얻어먹으려는 동네 아낙들로 항상 붐볐습니다. 하루에도 서너 번씩 식사와 새참을 대야 하는 농번기에는 동네 아낙들의 도움이 절대적으로 필요했습니다. 그네들은 하루종일 집안일을 거들어주고 품삯으로 먹을 것을 받아갔습니다.

내 '마음의 운전사'는 어느 날부터인가 이 아낙네들을 겨냥하기 시작했습니다. 나는 대문을 가로막고 서서,

"들어오지 말어. 얻어먹으러 오지 말란 말이여."

기다란 작대기로 그네들을 내려치며 몽니를 부렸습니다. 지금도 그때의 장면이 가끔 떠오르곤 합니다. 할 수만 있다면 지금이라도 일일

이 그분들을 찾아가 눈물로 용서를 구하고 싶습니다.

"폰달래 할매, 삼발이 각시…. 아직도 그때 일이 생생히 기억납니다. 모두들 미안합니다. 그때 내가 너무 잘못했습니다!"

소리쳐서 용서를 구해보지만 지나간 세월처럼 덧없는 일이 아닐 수 없습니다.

내 운전사의 두 번째 희생양은 동갑내기 삼식이었습니다. 삼식이는 우리 집에 자주 일하러 오던 아주머니의 아들이었는데, 그만 날로 잔인해져가는 내 운전사의 불쌍한 노리개가 되고 말았습니다. 항아리에 밀어넣고 뚜껑을 닫을 때마다 공포에 질려 울어대던 삼식이…. 그가 나 때문에 얼마나 큰 상처를 입었을까요? 그리고 그 상처 때문에 얼마나 구부러진 인생을 살게 되었을까요? 삼식이를 생각할 때마다 지금도 내 가슴은 화로에 데인 것만 같습니다. 지금 어디서 무얼 하며 살고 있는지, 기회 있을 때마다 수소문을 해보아도 생사조차 알 길이 없습니다.

세 번째 희생양은 집안일을 거들어주던 막둥이였습니다. 막둥이는 어찌어찌해서 우리 집에 있게 된 열두 살짜리 고아소녀였습니다. 잔인한 내 운전사가 이 불쌍한 소녀를 그냥 놓아둘 리 없었지요. 나는 온갖 장난질로 그녀를 괴롭혔습니다. 그러잖아도 가여운 막둥이를 곯려주는 재미가 그때는 그렇게 쏠쏠할 수가 없었습니다.

그렇게 괴롭히면서도 나는 왜 막둥이의 괴로움 같은 건 한 번도 생각해본 적이 없었을까요? 지독한 괴롭힘을 당하면서 막둥이는 얼마나 많은 한을 가슴속에 쌓아갔을까요? 이 불공평한 세상을 얼마나 많이 원망했을까요? 그래서인지 막둥이는 일찍 세상을 떠나고 말았습니다.

점박이 황소도 내 운전사의 희생양이었습니다. 우리 집에는 소가 세 마리 있었는데, 그중 까만 점박이 황소가 내 몫이었습니다. 그래서 날마다 그 점박이 황소를 들에 데려가 매어주고 꼴을 베어 날라야 했는데, 몸이 약했던 나는 그 일이 몹시 하기 싫었습니다. 당연히 그 점박이는 내 화풀이 대상이 되었습니다. 아무 때나 매질을 하면서, 꼴도 잘 먹이지 않았습니다. 나는 "꼴을 잘 안 뜯는다", "말을 안 듣는다", "화가 난다" 등등 말도 안 되는 이유로 날이면 날마다 점박이를 팼습니다. 점박이는 주인을 잘못 만난 죄로 날마다 죽도록 얻어맞은 것입니다.

환자 곁에 오래 있으면 성한 사람도 환자가 되는 것마냥 점박이도 나를 닮아 점점 약골이 되어갔습니다. 날마다 이유 없이 쏟아지는 그 숱한 매를 감당해내기가 힘겨워서였겠지요. 불쌍한 점박이는 나만 보면 부들부들 떨면서 불안해했습니다. 신경증에 걸린 주인 때문에 송아지까지 신경증에 걸려버린 것입니다. 잘 먹지도 못하고 비쩍 말라서 집안식구들의 눈치를 받던 점박이는 나의 중학교 입학금을 마련하기 위해 다른 곳으로 팔려갔습니다.

왜 그때 그 가여운 소를, 막둥이를, 삼식이를, 그리고 동네 아낙들을 그리도 잔인하게 괴롭혔던 것일까요? 내 마음속에 언제부터 그렇게 잔인하고 섬뜩한 운전사가 들어오게 된 것일까요?

완벽한 인생은 없다

이 시점에서 음울하고 잔인했던 내 어린 시절의 얘기는 잠시 접어두고 이 글을 읽고 있는 당신에게 몇 가지 질문을 던져보려고 합니다. 당신도 나처럼 마음속에 어린 시절의 응어리와 상처 혹은 어두운 그림자가 들어와 있는 것 같지는 않습니까? 만약 그렇다면 머리 속에 집안의 가계도를 한번 그려보십시오. 오늘의 나는 하루아침에 만들어진 작품이 아닙니다. 외가, 친가, 친지들과의 오랜 만남을 통해 만들어진 작품입니다. 이 과정에서 우리 안에 이상한 운전사가 들어왔을 가능성이 높습니다.

아주 가끔, 내가 인도하고 있는 치유그룹에서 모임에 잘못 찾아왔다고 주장하는 사람들을 만날 때가 있습니다. A여사도 그런 사람 중 하나입니다.

"나는 이런 치유그룹에 들어올 이유가 없어요. 어쩌다 들어오게 된 것이지…. 내게 무슨 상처가 있겠어요? 지금까지 성공적으로 잘 살아왔는데요."

그녀는 고개를 흔들며 강하게 부정하면서 자신이 상처입지 않은 사람임을 강조했습니다. 그런데 얼마 후, 그녀가 과로로 쓰러졌다는 소식이 들려왔습니다. 한창 나이인데 풍을 맞았다는 안타까운 소식이었습니다. 나중에 알고보니, 그녀는 마치 아편쟁이처럼 일에 중독되어 있었다고 합니다. 그녀는 무엇을 해도 지나칠 만큼 열성적이었습니다. 기도를 해도 일주일 내내 거의 잠을 자지 않고 계속했고, 일을 시작하면 끝장을 볼 때까지 침식을 잊은 채 매달렸습니다. 이런 성격인지라 안 되는 일이 없었습니다. 무엇을 하든 성공을 거두었고 주위에서도 영웅 대접을 받았습니다. 하지만 이것이 바로 병이라는 사실을 그녀는 미처 깨닫지 못했습니다.

그녀의 아버지는 그녀가 어렸을 때 세상을 떠났다고 합니다. 어린 6남매를 혼자 떠맡게 된 그녀의 어머니는 아이들에게 완벽주의자가 될 것을 강요했습니다. 아이들이 실수하거나 시키는 대로 하지 않을 때에는 여지없이 가혹한 처벌을 내렸습니다. 남편 없이 많은 자식들을 길러야 한다는 부담감과 세상에 대한 두려움이 폭력이라는 형태로 자식들에게 나타난 것입니다. 이런 어머니 밑에서 큰딸로 자란 그녀의 마음속에 어느새 완벽주의라는 병든 운전사가 들어와 자리를 잡았고 40년이 넘도록 그녀의 인생을 지배했습니다. 그녀는 장녀로서 어머니의 바람대로 완벽주의자가 되었으며 빈틈없이 완벽하게 자신이 계획하고 설계한 일들을 처리해나갔습니다. 그러나 완벽한, 아니 완벽해보이는 삶은 오래 유지될 수 없습니다. 우리 인생 자체가 불완전하니까요.

2. 영적 갈망과 전인 건강

 이 장에서는 지금까지의 이야기를 훌쩍 뛰어넘어 '치유상담'에 대해 간단히 살펴보기로 하겠습니다. 이 주제는 점차 심화되어나갈 것입니다. 다시 말하지만 이 책의 목적은 상처받은 사람들에게 전인적인 치유의 길을 보여주고, 상처로부터 치유받은 자들에게는 상처입은 치유자로서의 바람직한 역할을 제시하는 데 있습니다. 무엇보다도 먼저 상처를 치유받은 사람들이 상처받은 다른 사람들을 치유하여 가정을 살리고, 교회를 살림으로써 이 땅에 하늘나라가 임하게 하는 데 그 목적이 있습니다. 이 장에서는 치유상담에 영향을 미치는 몇 가지 요소들을 살펴보려고 합니다.

나의 영은 강건한가?

 치유상담이란 "내가 누구인가?", "나는 어떤 사람인가?", "오늘의 나는 어떻게 형성되었으며, 앞으로는 어떻게 살아갈 것인가?"를 알아보는 사역이며, 한 인간을 전인적이고도 총체적으로 바라보는 사역입니다. 또한 나의 영적인 면, 즉 "나의 영은 건강한가?", "죄책감에 눌려 있지는 않는가?"에 대해서도 관심을 둡니다. 예를 들어, 항상 악몽에 시달리는 사람은 죄책감에 눌린 영을 갖고 있다고 볼 수 있습니다.

당신의 영은 굳건합니까, 아니면 흔들리고 있습니까? 혹 가슴속에 지금까지 아무에게도 털어놓지 못한 어린 시절의 기억이나 상처를 간직하고 있지는 않습니까? 이미 까마득하게 그 일을 잊어버렸다고 생각했는데 생각지도 못한 장소에서, 생각지도 못한 때에 그 상처가 다시 가슴을 후벼파지는 않습니까? 혹 지금도 그때의 일을 자책하면서 눈물짓고 있지는 않습니까? 만일 당신의 영이 죄책감에 눌려서 신음하고 있다면 만사가 다 흔들리고 있을 것입니다.

이에 대한 예화를 하나 들겠습니다.

오래 전에 서울 어느 교회의 한 목사가 반독재투쟁을 하다가 국가기관의 주목을 받게 되었습니다. 독재정권은 그 목사가 시무하는 교회에 세 명의 프락치를 신도로 위장 투입시켰고, 그들은 착실히 교회생활을 하는 장로와 집사를 포섭하여 목사의 일거수 일투족을 감시했습니다. 그들은 목사님의 반정부 활동에 제동을 걸기도 하고 린치를 가하기도 했지만 당국은 그들에게 맞아 팔이 부러진 목사를 보고도 모른 척할 뿐이었습니다.

급기야 그 목사는 몇몇 신자들과 함께 거리로 내쫓겼습니다. 그렇게 교회에서 쫓겨난 목사는 경찰서 앞에서 6년 동안 주일마다 노상예배를 드렸습니다. "당신들이 책임을 회피했기 때문에 이렇게 되었으니 직접 사태를 해결해달라"는 시위성 예배였습니다. 비가 오나 눈이 오나 그들은 노상예배를 쉬지 않았습니다. 그 사이 정권이 바뀌었고, 그와 절친했던 정치인이 정권을 잡게 되었습니다.

그의 억울한 상황을 익히 잘 알고 있던 그 정치인은 목사의 복권(復權)을 도와주었습니다. 교회를 다시 찾기 위한 고소장이 법원에 접수되었고, 당시의 사건 관련자들에게 소환장이 발부되었습니다. 그는 그간 쌓인 원망과 서러움을 접고 며칠 후면 법정에서 모든 시비가 가려질 것에 대해 큰 위안을 얻었습니다.

재판 날 원고석에 앉은 목사는 텅 빈 피고석을 보고 깜짝 놀랐습니다. 이 사건에 관련되어 있던 피고인들이 그동안 모두 사망해버려서 재판정에 나오지 못했던 것입니다. 참으로 놀라운 일이지 않습니까! 불과 6년 사이에 목사를 몰아낸 다섯 명의 피고가 전부 사망해버렸다니! 병으로 죽은 사람도 있고, 사고로 죽은 사람도 있다고 했습니다. 이것을 보고 사람들이 "저주받았다"고 말하기도 했습니다.

영적 건강과 전인 건강

그러면 대체 이런 일이 왜 일어난 것일까요? 일부 사람들의 말처럼, 그들 모두 저주를 받아서 죽은 것일까요? 제 생각에는 절대로 그렇지 않습니다. 물론 그들은 죄 없는 목사를 교회에서 내몰았고 그것으로 이익을 챙겼으니 저주를 받을 만합니다. 하지만 그것 때문에 저주를 받았다고 볼 수는 없습니다. 그것보다는 그들이 죄책감 때문에 스스로를 정죄했다고 보는 편이 맞습니다.

죄를 뒤집어씌워 목사님을 쫓아낸 그들은 아마도 심한 죄책감에 시달렸을 것입니다. 죄책감이 심하면 삶이 흔들리고, 삶이 흔들리면 우리의 영(靈)도 흔들립니다. 영이 흔들리기 시작하면 만사가 흔들립니다. 먼저 가정의 화목이 깨어지고 사회생활이 불편해집니다. 항상 마음이 불안정해서 무슨 일에든 집중할 수가 없습니다. 집중력이 떨어지면 운전을 할 때도 사고가 나기 쉽습니다. 이렇듯 마음에 병이 든 사람은 사망을 향해 신속하게 나아가게 되는 것입니다.

영적인 갈망은 기독교인들뿐만 아니라 지극히 세속적으로 보이는 사람들 안에도 어떤 형태로든 들어 있습니다. 이것이야말로 실존적인 욕구입니다. 언젠가는 죽을 운명을 가진 존재, 의미를 추구하고 더 깊은 자각을 갈망하는 모든 인간 존재가 느끼는 것입니다. 이 욕구는 가끔 억압되기도 하지만 때에 따라서는 심각한 실존적 갈망을 수반하기도 합니다. 이것은 오로지 영적·신앙적·철학적인 양식으로만 채워질 수 있습니다. 이 실존적인 배고픔이 건강하게 충족되어야 영적인 건강은 물론 신체적·정신적·관계적 건강까지 얻을 수 있게 됩니다.

그런데 세상에는 우리 인생을 억압하는 종교들이 전염병처럼 널리 퍼져 있습니다. 그래서 많은 사람들이 자칫 영적, 정신적, 신체적 건강을 해치는 방법으로 이 욕구를 충족시키려는 유혹에 빠져듭니다. 뿐만 아니라 건전한 교단에 속한 사람들조차도 영성(靈性)을 제한하거나 방임하는 등 정신병적 요소와 구원을 주는 요소들이 뒤얽힌 상태로 신앙생활을 하는 경우가 많습니다. 사정이 이러니 신앙생활을 통해서 영이 해방되기보다는 오히려 고통을 당하는 경우가 많고, 종교적 신념과 관행에 사로잡혀 지나친 죄책감과 공포, 자기 거절의 감정을 느낌으로써 육신의 건강을 해치는 경우도 많습니다.

그러므로 영적 지도자는 영적인 갈망을 개방하고 사랑하며, 삶을 즐거워하며, 자존감을 강화시키고, 현실을 있는 그대로 존중하는 방식으로 신자들의 영적 욕구를 채워주도록 노력해야 합니다. 그렇지 않고 폐쇄적이고 도덕적이며 권위적이고 우상적이며 현실 부정이나 공포감을 조성하고, 죄책감을 더하는 방법으로 신자들의 영적 갈망을 충족시키려 하는 영적 지도자가 있다면, 그는 전인(全人) 건강을 해치는 사이비에 불과합니다.

영적 장애와 흉사

다음의 사례는 목회자와의 관계가 잘못되어 있을 때 교인들이 받는 영적인 영향을 잘 보여줍니다.

서울의 한 교회에서 어떤 이유에선지 교인들이 목회자의 퇴진을 요구하고 나섰습니다. 그러자 목회자도 여러 이유를 대며 나가지 않겠다고 버텼습니다. 교인들과 목회자 간의 공방이 계속되면서 많은 사람들이 상처를 입고 교회를 떠나갔습니다. 250명이던 교인수가 110명으로 줄어들었습니다. 그런데도 목사는 계속 버텼고, 교인들도 악착같이 목사의 퇴진을 요구했습니다. 그런 와중에 교인들의 집안에서 흉사(凶事)가 잇따랐습니다. 하던 사업이 망한다든지, 다니던 직장을 그만두게 되는 등 교회 전체가 술렁였습니다. 지리한 공방 끝에 결국 목회자가 교회를 떠나면서 사태는 일단 진정이 되었습니다.

새로 부임한 목사와 교인 사이는 무척 좋았습니다. 교인들은 기뻐했고 새 목사도 만족해했습니다. 신기하게도 새 목사가 부임한 뒤로 피폐해진 교인들의 가정과 사업이 회복되기 시작했습니다.

언뜻 보기에 놀라워 보이는 이런 현상은 사실 당연한 결과입니다. 교인들은 목회자와 대치하는 동안 영적으로 건강할 수 없었고, 정신 집중이나 창의력 등에서 장애를 일으켰습니다. 따라서 사업이나 직장에서 좋은 결과를 기대할 수 없었습니다. 여기저기서 부도가 나고 회사를 그만두는 등의 흉사가 잇따랐습니다. 하지만 새로 부임한 목사와 좋은 관계를 회복하면서 교인들은 건강한 영적 상태를 회복할 수 있게 되었고, 자연스레 다른 일에까지 좋은 영향이 미쳤던 것입니다.

플라시보 효과

정신(마음)에는 우리의 몸을 상하게 할 수도 있고 치유할 수도 있는 힘이 있습니다. 마음의 힘에 대해서는 과학적으로 계속 증명되고 있는 중입니다. 실제로 실직, 이혼, 사랑하는 사람을 잃는 경우에는 부정적인 신체 변화가 일어나고, 반면에 명상이나 정신 치유, 영적 치유, 또는 연애 등의 즐거운 경험이 지속될 때에는 긍정적인 신체 변화가 일어난다고 합니다. 구체적으로는 절망감이 갑작스럽게 악화될 때 암, 심장병, 류머티즘 등의 질병이 유발되고, 심각한 질병에 걸린 환자라도 희망에 가득 찰 때 회복의 가능성이 높아진다고 합니다.

기쁨, 희망과 같은 적극적인 감정들은 치유, 장수 등과 서로 정비례 관계에 있고, 슬픔이나 절망 같은 부정적인 감정들은 건강에 치명적인 영향을 미칩니다. 놀라운 것은 '플라시보 효과' 처럼 잘못된 신념에 대해서도 육체가 반응한다는 사실입니다. 플라시보 효과란 의학적 기능이 전혀 없는 약품(사실은 약품이 아닌 무해무익한 물질)을 복용한 후에 그 약의 효력을 진짜로 믿은 사람들에게서 나타나는 치유효과를 말합니다.

PNI(Psychoneuroimmunology : 정신신경면역학)라고 부르는, 최근 발전하고 있는 의학 분야에서는 어떻게 마음과 육체가 상호 연계하여 작용하는지에 대한 연구에서 괄목할 만한 성과를 보여주고 있습니다. 이 분야에서 발표되는 연구보고서들을 보면, 면역체계가 육체와 마음과 뇌가 마치 고리처럼 연결되어 상호작용하는 것을 보호해 준다고 합니다.

PNI학자들에 따르면, 마음은 언어기능과 생각, 수많은 정보, 사고, 감정, 이미지, 신념, 경험들을 저장하는 능력을 통하여 면역체계에 영향을 주고, 면역체계는 뇌의 통제를 받으면서 동시에 뇌에 메시지를 보낸다고 합니다.

마음과 육체의 이러한 상호작용은 질병에 대해 저항력을 떨어뜨릴 수도 있고, 회복의 가능성과 건강의 가능성을 향상시킬 수도 있습니다. 이처럼 마음이 갖는 힘, 즉 정신적인 요소가 우리에게 미치는 영향은 대단합니다.

자신을 사랑하는 능력

다음은 신체적인 면입니다. '나의 신체적인 조건은 어떠한가? 건강한 편인가, 그렇지 못한 편인가? 이것이 나의 영적인 면과 정신적인 면에 어떻게 연관되어 있는가?'를 살펴보아야 합니다.

부부싸움을 하면 밥맛이 떨어집니다. 이것은 상한 감정이 육체에 미치는 영향을 설명해주는 예입니다. 일반적으로 감정이 상할 때 가장 많은 영향을 받는 신체부위가 위장이라고 합니다. 그래서 기분이 나쁠 때 밥을 먹으면 곧잘 체하게 됩니다.

그러므로 신체가 건강하다는 것은 영적인 면과 정신적인 면 모두가 건강하다는 증거가 될 수 있습니다. 그래서 사도 바울도 영적인 관점에서 자기 몸을 돌보라고 권면하고 있습니다.

"너희 몸은 너희가 하나님께로부터 받은 바 너희 가운데 계신 성령의 전인 줄을 알지 못하느냐 너희는 너희의 것이 아니라 값으로 산 것이 되었으니 그런즉 너희 몸으로 하나님께 영광을 돌리라"(고전 6:19,20).

이런 점에서 자신의 신체를 건강하게 관리하는 것은 바로 영적인 훈련이기도 합니다. 더 나은 자기 관리를 통해서 몸과 사랑의 관계를 맺는 것은 일종의 '생리적 · 영적 중생'이라고 말할 수 있습니다. 그러므로 좋은 부모가 정성껏 자녀를 돌보듯이 자신의 몸을 사랑하고 친밀히 여기며, 몸의 모든 부분들, 심지어는 불완전한 부분들까지도 존중해 주어야 합니다.

최선의 자기관리는 몸을 포함하여 자신의 전존재를 사랑하는 것입니다. 예일대학교 의과대학 교수인 버니 시걸은 이렇게 말합니다.

"대부분의 환자가 직면하는 기본적인 문제는 자신을 사랑할 수 없다는 것입니다. 이것은 그들의 가슴속에 뿌리를 둔 것이기 때문에 다른 사람이 도울 수 없습니다. 보통 어린아이 시절에 나타나는 현상이지만 어른이 되어서도 아동기의 응답을 반복하고 있으며, 그 때문에 병이 더욱 악화됩니다. 자신을 사랑하는 능력은 인생을 사랑하는 능력과 더불어 인생의 질을 높여줍니다. 인생은 영원히 지속되는 것이 아니라는 사실을 완전히 받아들이게 될 때 이런 능력은 더 높아질 것입니다. 외과의사로서 나의 역할은 환자들이 스스로를 치유하는 동안에 그들을 위해 시간을 벌어주는 일뿐입니다."

자신의 몸을 적극적인 방법으로 사랑하고 자신의 몸에 꼭 필요한 것들을 지속적으로 공급해주며 생동력 있게 관리해주어야 합니다. 신체가 건강하지 않고서는 영성도 꽃피울 수 없습니다.

관계에의 의지

"나는 다른 사람들과 대체로 원만한 관계를 맺고 있는가, 아니면 좋지 못한 관계를 맺고 있는가?" 우리는 이 점을 살펴보아야 합니다. 대인관계가 원만치 못하면 반드시 영적인 상태에도 문제가 생깁니다. 부부관계가 비뚤어져 있는 목회자는 기도생활을 잘할 수 없습니다. 부부가 서로 화목하지 못한데 어떻게 하나님께 진정한 기도를 드릴 수 있겠습니까? 하나님은 애초부터 서로 사랑하지 못하면 기도할 수 없도록 우리를 창조하셨습니다. 사랑 없이는 믿음도 성장할 수 없습니다.

다시 말해, 우리의 전인(全人)적 건강은 본질적이고도 불가피하게 관계성을 지니고 있다는 뜻입니다. 치유와 건강을 위해서는 좀더 깊은 '관계에의 의지'(will-to-relate)가 만족되어야 합니다. 상호간에 사랑을 주고받고 싶어하는 욕구는 인간의 기본적인 욕구들 가운데서도 가장 강한 것입니다.

질병을 일으키는 정서적 요인 중에서 사회적 소외(고독)는 흡연에 버금갈 만큼 우리를 죽음에 이르게 하는 심각한 요인이 된다고 합니다. 따라서 교회와 지역사회 그룹 같은 공식적인 사회적 관계망에 참여하는 것이야말로 장수의 중요한 요인이 될 수 있습니다. 신약성경에 나오는 아름다운 사랑의 송가에는 건강과 장수를 위한 심오한 진리가 담겨져 있습니다.

"그런즉 믿음, 소망, 사랑, 이 세 가지는 항상 있을 것인데 그중에 제일은 사랑이라"(고전 13:13).

이 지혜의 말씀을 통해서 우리는 인간의 삶에서 가장 중요한 요소가 사랑이라는 사실을 파악할 수 있습니다. 인간관계라는 방정식에서 사랑이라는 인수가 빠져버리면 균형이 깨져버립니다. 유감스럽게도 우리 문화권에서는 사랑이라는 말로 이루어지는 많은 것들이 실은 우리 건강에 위험천만한 것이 될 수 있습니다. 전인성(全人性)을 높여주는 사랑은 자기 자신과 상대방의 지속적인 성장, 능력향상 및 자존감에 대해 관심을 갖고 헌신하는 것입니다. 갈등과 한계에도 불구하고, 관계에서 서로의 자존감과 꿈과 재능을 충분히 발전시키도록 돕는 데 끊임없이 헌신하고, 거기서 기쁨을 느낄 수 있을 때 비로소 전인적인 대인관계가 이루어집니다.

'샬롬'의 사회구조

개인이 건강하기 위해서는 사회구조, 즉 정치, 경제, 교육 등을 관장하는 사회제도가 좋아야 합니다. 예를 들어 집을 한 채 짓기로 했다고 합시다. 건축허가를 얻기 위해 필요한 모든 서류를 제출했고, 아무런 결격사유가 없는데도 허가가 떨어지지 않아 결국 뇌물을 주고서야 허가를 얻을 수 있다면, 그 사회 구성원들은 심한 스트레스를 받게 됩니다. 수시로 속이 쓰리고 배가 아프고, 욕이 터져나오는 증상을 자주 호소하게 될 것입니다.

기본적으로 상대를 신뢰할 수 있고, 거짓말이 통하지 않는 투명한 사회구조 안에서라야 비로소 건강한 개인의 삶이 가능해집니다. 예를 들어, 북한 동포들이 지금 식량난으로 어려움을 겪고 있는 것도 이처럼 잘못된 사회구조 때문입니다.

우리 대부분은 자신의 의지로 선택하지 않은 사회구조 속에서 살아가야만 합니다. 이런 현실을 좀더 슬기롭게 헤쳐갈 수 있도록 하나님께서 그분의 자녀들에게 주신 아름다운 선물이 있는데, 바로 자기가 속한 공동체의 구성원들을 위해 '샬롬'으로 인사하는 것입니다.

샬롬은 보통 '평화'로 번역되는데, 공동체 속에서의 건강이나 행복을 의미하기도 합니다. 어원적으로는 "선한 것이 당신에게 충만하여 당신 주위에 있는 사람들에게까지 흘러가기를 원합니다"라는 뜻을 갖고 있습니다. 그러니까 다른 사람에게 샬롬으로 인사하는 것은 그 사람의 건강과 행복을 기원하는 것일 뿐만 아니라 서로가 서로를 돌보는 계약 공동체를 지향한다는 의미인 것입니다.

거듭 말하지만, 샬롬은 하나님의 선물입니다. 구약성경에는 이 단어가 무려 350회나 나오고 있습니다. 이 샬롬의 정신으로 잘못된 사회구조를 적극적으로 개선하고 샬롬의 정신이 구현되는 공동체를 개발해 나가야 합니다. 이것이 우리가 처한 사회구조 속에서 전인 건강을 지켜갈 수 있는 열쇠입니다.

자연의 상처 돌아보기

아무리 건강을 위해 노력한다고 해도 자연 생태계가 병들면 온전한 건강을 유지할 수 없습니다. 예를 들어, 매일같이 신선한 야채를 먹어야 하는데 거기에 농약이나 방부제, 환경물질이 포함되어 있거나 유전자 조작 등으로 야채가 오염되어 있다면 오히려 건강에 해롭습니다. 먹거리뿐만이 아닙니다. 공기와 물까지 오염되고 단 하나뿐인 지구의 생태계마저 마구 파괴되어 가고 있습니다. 생태계가 파괴되면 인류의 생존도 위협받게 될 것입니다.

치유목회란, 인간은 물론 하나님의 피조물인 자연을 소중히 여기고 아끼는 목회를 의미합니다. 영혼을 치유하고자 하는 사람은 한줌의 쓰레기도 함부로 버리지 않고 하나님이 주신 자원을 잘 가꾸고 보존해야 합니다. 아름다운 자연을 깨끗이 유지하고 또 회복(치유)시켜서 건강하게 살아가는 일은 하나님의 명령입니다.

자연 생태계가 병들면 치유목회도 불가능합니다. 기독교를 새롭게 변화시키고 사회를 변혁시키려는 사람, 즉 치유목회에 뜻이 있는 사람은 먼저 자연을 깨끗이 보존하고 사랑하는 운동부터 시작해야 합니다. 우리가 살고 있는 지역사회와 더 넓은 세계의 상처를 무시한 채 우리 자신의 전인건강을 도모한다는 것은 어리석은 일입니다. 우리와 우리 가족의 전인적인 건강을 위해서, 또한 지구 생태계를 위해서 할 수 있는 모든 일들을 해야 하며, 우리가 겪고 있는 상처의 사회적인 원인을 감소시켜 나가려는 노력을 해야 합니다. 다시 말해서, 환경 문제를 바로 나의 문제로 삼자는 것입니다. 악화되고 있는 환경이 우리의 건강에 미치는 영향을 좌시하지 말고 맞서서 막아내어야 합니다.

"모든 살아 있는 생명체들은 환경 속에 존재하기도 하고 환경의 일부이기도 하다. (중략) 그것은 처음도, 중간도, 끝도 없이 서로 뒤얽혀 있는 상호의존적인 것이다. 만일 전체 가운데 어느 한 부분이 건강하지 않다면 전체 중 다른 부분도 그 영향을 받는다고 가정해야만 한다. … 우리는 지구와 따로 떨어져 있는 것이 아니다. 우리 몸의 각 세포가 우리의 일부분인 것과 마찬가지로 우리는 지구의 일부분이다. 모든 질병은 당연히 환경적인 것임에 틀림없다"("건강한 몸, 건강한 지구"에서 인용).

자기 일을 사랑하는 사람

인간은 자기가 하고 있는 일에서 기쁨과 보람을 느껴야 진정한 건강을 누릴 수 있습니다. 죽지 못해 일하고 있는 사람은 결국은 죽게 됩니다. 자신의 일에서 즐거움을 느끼고, 긍정적인 요소를 발견하고자 하는 사람에게는 일이 곧 보약입니다. 그러므로 마음에 들지 않는 직업에 종사한다고 하더라도, 그 직업에 종사하는 순간만큼은 자기 직업을 사랑하려고 노력하는 자세가 필요합니다.

그러나 직업 자체가 다른 사람이나 사회에 피해를 주는 것이라면, 그것을 통해서는 절대로 전인적 건강을 누릴 수 없습니다. 만일 그런 직업을 가지고 있다면, 그리고 그것을 개선할 수 없다면 하루 속히 그만두는 것이 좋습니다. 적어도 하루 8시간 이상 평생을 일해야 하는 직장에서 아무런 의미를 발견할 수 없고, 오히려 일 때문에 죄의식을 느껴야 한다면 여러 가지 면에서 건강에 파괴적으로 작용하게 될테니까요.

자신이 좋아하는 일, 건설적인 일을 하게 되면 자존감이 높아지고 전인적 건강과 행복감이 증진됩니다. 전인 건강을 증진시키는 한 가지 중요한 방법은, 할 수 있는 한 자신의 직업을 통하여 자신의 인생을 완성해나가고 자존감을 향상시키는 것입니다. 이것이 물론 말처럼 쉬운 일은 아닙니다. 하지만 건설적인 직업에 종사하면서 자신이 진정 이 사회에 가치 있는 일을 하고 있다고 느낀다면 일상이 주는 삶의 환희도 배가될 것입니다.

치유상담이란 이상의 일곱 가지 차원에서 '나'를 찾아보는 작업입니다. "지금 내 병은 어디에서부터 시작된 것일까? 어떤 운전자가 언제부터, 무슨 연유로 내 의식 속에 들어와서 지금까지 나를 끌고 다니는 것일까?" 등을 탐구하고 그 원인을 찾아내어 눌린 영혼을 해방시켜주는 작업입니다. 치유상담이란 곧 마음속에 숨어 있는 나쁜 운전자를 찾아내어 몰아내는 투쟁의 과정인 것입니다.

3. 나는 누구인가?

　어느 동물원에, 동물에 대해서는 아무것도 모르는 원장이 부임했습니다. 새 원장이 직원들과 함께 동물원을 돌아보다가 길고 날카로운 매의 부리와 발톱을 보고 말했습니다.
　"저 새의 부리와 발톱이 아주 흉측해보이는군요. 예쁘게 깎아주도록 하세요."
　직원들은 원장의 지시대로 매의 부리와 발톱을 예쁘게 깎아주었습니다. 그러자 매는 더 이상 매의 상태로 존재할 수 없게 되었습니다.

치유목회의 기술
　우리는 종종 잘려나간 매의 발톱처럼 중요한 기능들을 잃어버리고 살아갈 때가 있습니다. 그러므로 누가 어디에서 이것들을 잘라버렸는지, 또 언제 그런 사건이 일어났는지, 그리고 어째서 자신에게 주어진 기능을 제대로 발휘할 수 없는지 알아보는 작업이 필요합니다.

지금 당신은 어떤 사람입니까?

다시 한번 치유목회가 무엇인지를 생각해봅시다. 치유목회란 고통 받는 사람들의 자아를 탐색하고 이끌어내어 치유시키는 목회, 조용히 자신의 고통을 돌아보고, 고통받는 다른 사람의 영혼을 깊은 눈으로 바라보는 목회입니다.

앞서 나는 잘려나간 나의 부리(자존감)에 대해서 얘기했습니다. 그 얘기를 계속하겠습니다. 나는 미국에 가서 10년 6개월 동안 치유목회를 공부했지만 순탄한 과정은 아니었습니다. 담당 교수로부터 계속 거절을 당하는 등 여러 장애요인이 있었기 때문인데, 드디어 치유목회를 공부하게 되었을 때 2,3년이면 치유목회에 대한 기술을 배울 수 있을 거라고 생각했습니다.

하지만 교수님들은 무려 10년이 넘도록 그 기술이란 것을 가르쳐주지 않았습니다. 그들이 끝까지 나에게 가르친 것이라곤 단지 '내가 누구인가?'(Who am I?)와 '너는 누구인가?'(Who are you?)에 대해서 생각케 한 것뿐이었습니다. 그들은 내게 자신을 정확히 알고 바라볼 수 있을 때에야 다른 사람을 치유하고 도울 수 있다는 사실을 가르치고자 했던 것입니다.

봄앓이

나는 사계절 중에서 봄을 가장 싫어합니다. 나이 서른일곱이 될 때까지 참으로 지긋지긋하게 봄앓이를 했던 까닭입니다. 봄만 되면 매번 몸을 가눌 수 없을 정도로 까부라지곤 했습니다. 그러다가 서른일곱 살이 되어서야 나의 심한 봄앓이가 어디서 비롯되었는지를 알게 되었습니다.

어린 시절, 일하느라 늘 바깥으로만 나돌던 나의 어머니가 겨울이면 집안에 있었습니다. 그래서 겨울이 오면 온 집안에 생기가 돌았습니다. 어머니의 무릎을 먼저 차지하기 위해 형제들끼리 밀쳐대며 서로 다투는 일도 즐겁기만 했습니다.

하지만 봄이 되면 어머니는 새벽부터 밤까지 들에서만 살았습니다. 봄이 어머니를 빼앗아가버린 것입니다. 유일한 사랑의 원천이자 투정의 대상이던 어머니를 봄이면 빼앗겨버리는 어린 내 마음속에 비뚤어진 운전사가 들어와 앉았습니다. 그리고는 서른일곱 살이 넘도록 나를 나이만큼 자라지 못하게 붙들고 늘어졌습니다. 나는 어느새 몸은 자라도 마음은 자라지 않는 '성인아이'가 되어 있었습니다.

공포의 아버지상

유학생활 7년째, 벌써 서른일곱 살이 되어 있었습니다. 그 무렵 가장 두려운 일은 지도교수를 만나는 일이었습니다. 다른 학생들은 어떻게든 교수님과 친해지지 못해 안달이었지만 나는 교수님을 마주치기가 두렵기만 했습니다. 이런 나의 태도를 오해한 지도교수가 어느 날 무섭게 화를 내며 말했습니다.

"너는 무엇 때문에 나를 그렇게 싫어하고 미워하는 거냐? 날 그렇게 싫어하면서 어떻게 내 밑에서 공부를 하겠다는 건지 이해할 수가 없구나. 차라리 다른 학문을 공부해보도록 해라. 나는 너를 더 이상은 가르칠 수 없다."

더 가르칠 수 없다니! 머나먼 이국 땅에서 모진 고생을 해가며 어떻게 해온 공부인데 이제 와서 그만두라니… 참으로 어처구니가 없었습니다. 맹세컨대 나는 결코 그 교수를 미워하거나 싫어한 적이 없었습니다. 나는 그 매정한 교수의 무릎에 얼굴을 파묻고 울면서 말했습니다.

"선생님, 전 선생님을 미워하거나 싫어해본 적이 없습니다. 그저 무서웠을 뿐입니다."

"무섭다고? 내가 너한테 무슨 짓을 했는데 날 무서워한단 말이냐?"

교수님은 자신을 무서워했다는 말에 흠칫 놀라며 물었습니다. 그날 저녁 교수님과 나는 오랫동안 얘기를 나누었습니다. 그때까지 나는 그 교수님이 우는 것을 본 적이 없었습니다. 그런데 내가 살아온 얘기를 들으면서 눈물을 그치지 않았습니다.

"태기 군, 그런 세월을 어찌 살아왔는가? 자네의 아픔이 내 가슴에 사무쳐 오네."

교수님은 제자의 아픔을 진정으로 공감해주었습니다. 그리고 그날 이후 나의 인생도 새롭게 시작되었습니다. 사실 나는 그 교수님만 무서워한 것이 아니었습니다. 고등학교를 졸업할 때까지 한 번도 선생님들과 대화를 나눠본 적이 없었을 정도로, 윗사람들에게 무조건적인 두려움을 품고 있었습니다.

만일 내가 그런 상태로 목회 현장에 나갔더라면 어떤 목회자가 되었을까요? 아마도 장로들 비위 맞추느라 벌벌 기거나, 반대로 장로들과 밤낮 싸우는 목회자가 되어있을 것입니다. 내가 윗사람들을 무서워하게 된 데에는 어린 시절에 겪은 가슴 아픈 사건이 빌미가 되었습니다.

옛날 아버지들, 특히 양반입네 하는 사람들은 교육이라는 구실로 자식들에게 엄한 모습을 보여주는 것을 미덕으로 여겼습니다. 식사를 할 때도 엄격한 규율을 지켜야 했습니다. 아버지가 숟가락을 들기 전에 먼저 숟가락을 드는 자식은 후레자식이었습니다. 나의 아버지도 남에게 뒤지지 않을 만큼 엄한 양반이었습니다.

한 번은 좋아하는 생선요리에 아버지보다 먼저 젓가락을 댄 적이 있습니다. 그러자 격노한 아버지가 젓가락을 든 내 손을 사정없이 내리쳤고, 그 서슬에 퉁겨나간 생선과 젓가락이 천장에 붙었다가 떨어지면서 공중제비를 돌았습니다. 어찌나 세게 얻어맞았던지, 떨어진 젓가락을 다시 잡을 엄도 내지 못했습니다. 손가락이 금방 통통 부어올랐지만 어머니가 집어준 젓가락으로 꾸역꾸역 밥을 먹었습니다. 얼이 빠져버렸던 것입니다.

아버지가 너무나 무서워서 그 앞에서는 아프다는 소리도 낼 수 없었던 그 순간에 내 안에 증오와 공포감으로 똘똘 뭉친 운전사가 들어왔습니다. 그리고는 서른일곱 살이 되도록 나를 자라지 못하게 하면서 내 인생을 조종했습니다.

성인아이의 아내

결혼한 지 얼마 안 되어 우리 부부는 한때 심각한 갈등을 겪어야 했습니다. 내 안에 들어와 제대로 자라지 못한 어린아이가 결혼생활을 감당하지 못해 벌어진 일이었습니다. 그 때문에 나는 결혼한 지 5년이 넘도록 진정한 결혼생활의 의미를 알지 못했습니다. 재미있고 좋기만 할 줄 알았던 결혼생활이 지옥처럼 느껴졌습니다. 결혼생활이 아니라 지옥체험을 하고 있는 것만 같았습니다.

아무리 요구해도 아내는 내가 원하는 것을 들어주지 않았고, 나는 그런 아내가 야속하기만 했습니다. 사실상 나는 그때 아내에게서 어머니의 사랑을 요구하고 있었던 것입니다. 늘 어머니의 사랑에 굶주려 있던 내 안의 어린아이가 결혼한 다음에도 어른이 되지 못한 채 아내에게서 어머니를 찾았던 것입니다. 하지만 아내는 아내일 뿐 어머니가 될 수는 없었습니다. 그런데도 나는 아내에게서 어머니의 사랑을 발견하기 위해 발버둥을 쳤습니다. 이런 나 때문에 아내도 미칠 지경이었습니다.

그 무렵의 나는 발톱과 부리를 모조리 잘려버린 어린 시절의 상처에 매여 있어서 남자로서, 또 가장으로서 책임과 의무를 제대로 감당하지 못했습니다. 상처입어 자라지 못한 내 안의 아이가 성인으로서의 삶을 감당할 수 없었던 것입니다. 그렇게 내 안의 어린아이가 짜증과 투정을 부릴 때마다 내 가족이 괴로움을 겪었습니다. 특히 아내는 격심한 고통을 겪었습니다.

결혼생활은 물론 사회생활에도 제대로 적응하지 못했습니다. 내 안의 어린아이가 원하는 대로 가려고 하면 주변과 충돌이 생기고, 주변과 화해하면 내 안의 어린아이가 맹렬히 저항했습니다. 나는 극심한 갈등과 혼란 속에서 인생의 번뇌에 시달렸습니다.

사랑의 조건

어린아이는 두 가지의 특성, 즉 긍정성과 부정성을 가지고 있습니다. 어린아이의 긍정적인 특성은 인생에 밝은 영향을 미치고, 부정적인 특성은 인생에 어두운 그림자를 드리웁니다. 따라서 어린아이의 긍정성을 잃어버리고 부정성에 사로잡히면 성숙한 인격을 소유하지 못합니다.

자기밖에 모르는 것이 어린아이의 부정적인 특성입니다. 부정적인 특성을 가진 사람은 다른 사람의 입장을 전혀 헤아리지 못합니다. 그런 사람은 아무리 나이를 먹어도 성공적인 사회생활을 하지 못합니다. 서너 살짜리 어린아이가 성공적인 사회생활을 할 수 없는 이치와 같습니다. 평생 깊고 폭넓은 사랑을 경험하지 못합니다.

고린도전서 13장은 사랑을 강조한 장입니다. 바울은 이 장에서 사랑을 오래 참는 것이라고 말했습니다. 하지만 어린아이는 오래 참지 못합니다. 어린아이뿐 아닙니다. 우리나라 사람들은 대체로 오래 참는 힘이 부족합니다. 심지어는 줄서는 일조차 어려워합니다. 성질이 급하고 참을성이 부족합니다. 바울은 오래 참지 못하는 것은 사랑이 아니라고 했습니다. 참을성이 없는 사람은 사랑을 잘하지 못합니다. 성질이 급하기 때문에 사랑을 성숙시키지 못하는 것입니다.

성질이 급한 것도 어린아이의 부정적 특성입니다. 성질이 급한 사람의 심층심리 속에는 반드시 상처입은 어린아이가 자리하고 있습니다. 성숙한 사람은 모든 것에 오래 참을 줄 아는 사람입니다. 고린도전서 13장 11절에서 바울은 이렇게 말합니다.

"내가 어렸을 때에는 말하는 것이 어린아이와 같고 깨닫는 것이 어린아이와 같고 생각하는 것이 어린아이와 같다가 장성한 사람이 되어서는 어린아이의 일을 버렸노라."

이것이 사랑의 원칙입니다. 장성한 후에는 어린아이를 버려야 합니다. 어린아이의 행동을 버려야 합니다. 그렇지 않으면 진정한 사랑을 체험할 수 없습니다. 결혼하고, 집사가 되고, 장로·목사가 된다고 해도 진정한 사랑은 할 수 없습니다. 철저하게 율법을 지킬 수는 있어도 사랑을 실천하기는 어렵습니다.

사랑을 하기 위해서는 다른 사람을 볼 수 있는 눈이 필요하고 다른 사람의 입장을 살펴볼 수 있는 눈은 어른에게만 있습니다. 당신은 지금 어떤 눈을 갖고 계십니까?

상수리나무와 그 열매

나는 오랫동안 한신대학교 사택에서 살았습니다. 학교 안에 있는 사택이라서 담도 없고 울타리도 없는 집이었습니다. 사택은 아름드리 상수리나무로 둘러싸여 있는데, 가을이면 몇 가마니나 되는 열매들이 떨어집니다. 나는 가끔 그 상수리나무들을 바라보며 생각에 잠기곤 했습니다. 저렇게 커다란 나무가 조그마한 상수리 열매에서 비롯되었다는 사실에 생명의 신비를 느껴보기도 했습니다.

하지만 더 신비한 것이 있습니다. 상수리 열매가 땅에 떨어져 세상을 향해 삐죽이 싹을 내밀 때 아무도 짓밟지 않았기 때문에 저토록 커다란 나무로 자랄 수 있었다는 사실입니다. 상수리나무가 추위 속에서 여린 싹을 파들거리고 있을 때, 누군가 무심코 그것을 밟아버렸다면 지금껏 저리 당당한 모습으로 서 있지 못했을 것입니다. 이것이 바로 하나님의 역사이고 법칙입니다.

우리도 상수리 열매와 똑같습니다. 하나님은 우리가 상수리나무처럼 잘 자라서 수백 수천의 열매를 맺을 수 있도록 창조하셨습니다. 그런데 무엇이 우리로 하여금 열매 맺지 못하게 하는 것일까요? 무엇이 우리 안에 있는 상수리나무를 크지 못하게 하는 것일까요? 무엇이 우리를 움츠러들게 만드는 것일까요?

윌마 루돌프

이제 인간의 가능성에 대하여 생각해보겠습니다. 상처받지 않고 제대로 크는 인간은 과연 어떤 모습일까요? 나의 오랜 친구 윌마 루돌프의 예를 들어보겠습니다. 나보다 한 살 아래인 윌마는 흑인에다 왼쪽 다리가 비정상적으로 마른 소아마비 장애인입니다. 그런 그녀가 얼마 전까지 인디아나 퍼듀대학에서 체육학과 교수를 지냈습니다.

윌마 루돌프는 정상인보다 가는 왼쪽 다리를 가지고도 1960년 로마 올림픽 때 100미터, 200미터, 400미터의 단거리 경주에서 금메달을 따내 3관왕이 되었습니다. 그러나 윌마는 세 살부터 여덟 살까지 다리에 보족을 끼우고 생활해야 했던 소아마비 환자였습니다.

다행히 그녀는 좋은 부모에게서 태어나는 복을 받았습니다. 윌마의 부모는 가난했지만 장애를 가진 딸을 정상아보다 더 건강한 아이로 기르기 위해 노력했습니다. 윌마가 다리를 절룩거리며 학교에서 돌아오면 월마의 어머니는 딸의 다리를 주물러 주면서 이렇게 기도해주었습니다.

"하나님, 우리 딸 월마도 다른 아이들처럼 걸을 수 있게 해주세요."

어머니가 피곤해서 물러나면 아버지가 이어받아 딸의 다리를 주물러주면서 똑같은 기도를 해주었습니다. 하루에 두 시간씩 이 일이 매일같이 반복되었습니다. 네 살부터 시작된 이 일은 월마가 다리에서 보족을 떼어내는 순간까지 4년 동안 한결같이 계속되었습니다.

월마는 그런 지극한 부모의 사랑 속에서 놀라운 하나님의 사랑을 체험했습니다. 그녀 안에 건강한 상수리 열매가 싹트기 시작한 것입니다. 그녀는 자신의 다리 한쪽이 가늘다는 사실에 주눅이 들기는커녕, 자신도 다른 아이들처럼 걸을 수 있다는 사실에 즐거워했습니다. 하지만 그녀는 다른 아이들이 두 걸음을 걸을 때 세 걸음을 걸어야 겨우 보조를 맞출 수 있는 장애아였습니다. 걸어서 학교를 다녀오는 것만으로도 지쳐 쓰러질 지경이었습니다.

월마는 중학교 2학년 때 47명의 반 친구들을 물리치고 달리기에서 일등을 했습니다. 고등학교 2학년 때는 테네시주 여자고등학교 육상 대표선수가 되었고, 1960년에는 올림픽 3관왕이라는 영예를 차지했습니다.

소아마비 장애인 중 99퍼센트가 마음의 병을 가지고 있다고 합니다. 이들의 병은 대체로 장애 때문에 다른 사람들처럼 될 수 없다며 스스로를 제한해버리는 데서 비롯됩니다. 하지만 월마는 좋은 부모 밑에서 생각에 날개를 달 수 있었고, 결국 위대한 일을 해냈습니다. 은퇴한 뒤로도 월마는 기도회를 이끌어가면서 정열적인 삶을 살고 있습니다.

당신은 어디에 장애가 있으십니까? 다리 하나가 병적으로 말라 있습니까? 보장구를 착용해야만 움직일 수 있습니까? 그렇다 해도 당신은 월마처럼 위대한 인생을 살아갈 수 있습니다! 문제는 마음의 병(장애)입니다. 모든 가능성을 다 열어놓고 거기에 자신을 내던지지 못하게 하는 마음의 병이 우리를 주저앉히는 가장 큰 장애물입니다.

우리나라 사람들에게 가장 흔한 마음의 장애는 빈곤 증상입니다. 돈이 없다는 핑계로 무슨 일을 시작하기도 전에 포기해버리는 일이 다반사입니다. 하지만 자본이라곤 사람밖에 없던 우리나라 초창기의 경제 상태를 생각해보십시오. 경제인들이 처음부터 많은 돈을 가지고 시작했습니까? 아닙니다! 그들 모두 무일푼으로 사업을 일구어낸 사람들입니다. 중요한 것은 마음입니다.

학력 파괴

정신적인 장애를 가진 사람들이 흔히 하는 자기 변명은 빈약한 학벌 때문에 무엇을 제대로 할 수가 없다는 것입니다. 그러나 사실 학벌만 가지고 할 수 있는 일은 별로 없습니다. 학벌이 없어서 뭘 못하겠다는 사람들을 위해 하나님이 우리 민족에게 주신 귀한 인물이 바로 김대중 전 대통령입니다.

여기에서 미리 그분의 정치적인 공과를 말하고자 하는 것은 아님을 밝혀둡니다. 그런 쪽에는 흥미도 없고 또 그만한 식견을 가지고 있지도 않습니다. 다만 상담심리학자의 한 사람으로서 나는 그분이 보여준 남다른 역경 극복의 예를 들고자 하는 것뿐입니다.

김대중 대통령은 잘 알려진 대로 중학교(지금의 고등학교) 졸업이라는 학력으로 대통령이 된 사람입니다. 그는 대학을 나오지 않아도 대통령이 될 수 있다는 학력 파괴의 모범을 첫번째로 보여준 인물입니다. 그는 또 47세에 감옥에서 배운 영어로 외국기자들과 원고 없이 회견을 할 정도의 실력을 갖추었습니다. 영어 좀 하는 것이 뭐 대수냐고 반문할 사람도 있겠지만, 우리나라 사람들이 영어를 배우기 위해 들이는 막대한 돈과 시간을 생각한다면, 고개가 끄덕여질 것입니다.

나 자신도 영어 때문에 실패한 경험이 있습니다. 영어를 낙제하는 바람에 대학원 시험에서 낙방했었습니다. 그때는 요즘처럼 번역서적이 많지 않은 시절이었는데 시험을 보려면 꼭 원서를 봐야 했습니다. 그것이 내게는 아무래도 무리였습니다. 속으로 '빌어먹을 영어'라며 저주도 많이 했습니다. 그러다가 영어 때문에 대학원 시험에 낙방하게 되니까 오기가 생기더군요.

'영어가 뭔데 내 인생을 좌지우지하려 들어?'

나는 8개월 동안 두문불출한 채 영어공부에만 매달리면서 '삼위일체'라는 영어 참고서를 모조리 외워버렸습니다. 영어는 한글로, 한글은 영어로, 처음부터 마지막 장까지 순서대로 외우고, 다시 마지막 장에서 첫장까지 거꾸로 외웠습니다. 모조리 외워서 시험을 보고나니 영어가 어찌나 쉬워 보이던지…. 그리고 나서 미국대학에 입학지원서를 보냈습니다. 그러자 두 군데서 장학금을 줄 테니 자기네 학교에 입학하라는 통지서가 날아들었습니다. 그렇게 해서 10년이 넘는 유학생활을 장학금을 받으며 마칠 수 있었습니다.

거듭 말하지만, 문제는 마음입니다. 인간은 무엇이든 마음먹은 대로 할 수 있는 존재입니다.

불길 축제

"인간 능력의 한계는 과연 어디까지일까?"

언젠가 그리스를 여행한 적이 있습니다. 때마침 그리스에서 2년마다 열리는 독특한 축제가 진행되고 있었는데, 그 축제의 하이라이트는 맨발로 폭 1m, 두께 20cm, 길이 8m의 시뻘건 숯불 위를 걸어가는 행사였습니다. 이 숯불축제는 1250년 그곳 성당에 불이 났을 때 어떤 여인이 불타고 있는 성당 안에 뛰어들어 예수님상(像)을 무사히 꺼내온 데서 유래되었다고 합니다.

눈앞에서 두 명의 젊은이가 시뻘겋게 달구어진 숯불 위로 태연히 걸어가고 있었습니다. 관중석에 앉아 이를 보고 있던 한 남자가 앞으로 나섰습니다. 자신을 치과의사라고 밝힌 그 영국인 남자는 눈앞에 펼쳐지는 광경을 믿을 수 없다며 직접 실험해보고 싶어했습니다. 모두들 말렸지만 그는 뿌리쳤고 바지를 걷어올린 후 달궈진 숯불 위에 발을 올려놓았습니다. 그는 순식간에 화상을 입고 병원으로 실려가고 말았습니다. 사실 그 숯불 길에 도전한 사람들은 2년 동안 훈련을 받아왔다고 합니다.

병든 자아상 몰아내기

우리를 향한 하나님의 목적은 '나'라는 상수리나무가 주님 안에서 자라가는 것입니다. 그래서 그 상수리나무가 한 가마니고 두 가마니고 잘 익은 열매를 쏟아내게 하는 것입니다. 그런데 때로는 싹도 틔우지 못하는 열매가 있는가 하면 싹을 틔웠다가 금세 말라버리는 나무도 있습니다. 혹은 다 자랐는데 열매를 맺지 못하는 나무도 있습니다. 무엇이 이런 현상을 만드는 것일까요? 무엇 때문에 나무가 자라지 못하고

열매 맺지 못하는 것일까요? 바로 우리 안에 자리잡은 구부러진 운전사 때문입니다.

학문적으로는 이런 운전사를 '병든 자아상' 이라고 말합니다. '자아상' (self-image)이 원만한 사람은 삶 속에서 제 기능을 다 발휘할 수 있습니다. 제대로 잘 성장해서 좋은 열매를 많이 맺습니다. 하지만 자아상이 병든 사람은 소극적이고 비관적인 사람이 되기 쉽습니다. 이런 사람은 항상 돈이 없다거나 학벌이 없다거나 배경이 없어서라는 핑계를 대며 스스로를 개발하고 향상시키는 일에 둔합니다. 이런 사람은 아무것도 해내지 못합니다.

자아상은 우리의 행동과 태도를 지배합니다. 자아상은 마치 운전사와 같아서 자기 의지대로 우리의 인생을 운전해갑니다. 비행기가 목적지에 도착하려면 반드시 항로를 따라가야 하듯 성공적인 인생을 사는 데에도 인생을 올바르게 운행할 수 있는 자아상이 필요합니다. 이 자아상은 성장 과정에서, 특히 어린 시절의 특별한 경험을 통해 마음속에 들어와 자리를 잡게 됩니다.

나도 15세부터 30세까지 내 자신이 못생겼다는 자아상에 끌려다녔습니다. 못생겼다는 열등감에 빠지게 된 것은 열다섯 살 때 몰래 엿듣게 된 한 마디 말 때문입니다. 학교에서 돌아오다가 우연히 건넌방에서 재잘대는 외사촌 누나들의 수다를 듣게 되었는데, 그네들은 내가 가까이 있는 줄도 모르고, "태기는 누굴 닮아 그렇게 못생겼는지 몰라. 그렇게 못생겼으니 여학생들이 따르기나 하겠어?" 하며 깔깔대고 있었습니다. 그 순간 내 마음속에 열등감이라는 운전사가 들어와 앉았습니다.

'그래, 내가 못생겨서 여학생들이 따르지 않는 거야!'

그때부터 나는 여자들을 똑바로 쳐다보지 못했습니다. 여자들뿐만 아니라 남자들 앞에서도 자신있게 서지 못했습니다. 심지어 온 세상 사람들이 전부 내게 손가락질해대며 "너는 왜 그렇게 못생겼니?"라고 비웃는 것 같았습니다.

이 비참한 열등감은 나이 서른이 될 때까지 줄기차게 따라다니며 나를 괴롭혔습니다. 분하게도 15년 동안이나 잘못된 운전사에게 휘둘리며 끌려다녔던 것입니다. 황금 같은 청소년기를 고스란히 못생겼다는 열등감에 사로잡혀 지냈다고 생각하니 지금도 억울한 생각이 듭니다.

지금 나는 나 자신을 너무나 사랑합니다. 나의 모든 것을 아무하고도 바꾸고 싶지 않습니다. 뿐만 아닙니다. 가끔 거울을 들여다보며 흐뭇한 미소를 짓기도 합니다. 그리고 생각합니다.

'나만한 인물도 드물지, 암.'

심지어는 벗겨진 대머리까지 사랑스럽습니다. 거울 속의 내 모습에서 하나님의 오묘한 창조 솜씨를 발견하는 까닭입니다.

당신의 운전사는 어떤 모습입니까? 심한 열등감에 휩싸여 있거나 원인 모를 짜증과 분노가 마음속에서 일고 있지는 않습니까? 그렇다면 당신의 마음속에 잘못된 운전사가 들어와 있다는 증거입니다. 이제 그 마음의 운전사(자아상)를 몰아내십시오. 그러면 당신의 삶에서 놀라운 역사가 일어날 것입니다.

만일 당신의 마음에 부정적인 운전자가 자리잡고 있다면, 그것이 자리잡게 된 상황을 곰곰이 생각해보십시오. 이제 당신은 당신을 끌고 다니는 운전사의 정체를 낱낱이 파악해내야만 합니다. 끝내 그의 정체를 파악하지 못한다면 죽는 날까지 그 운전사에게 끌려다니게 될 것입니다.

step 2
만남에서 상처받고 만남에서 치유되고

4. 아름다운 만남들

아프리카의 성자(聖者)로 불리는 슈바이처는 두 번의 만남을 통해 아프리카 행(行)을 결심했다고 합니다.

첫번째 만남은 초등학교 시절 동네아이와의 싸움이었습니다. 상대는 끼니조차 해결하지 못하는 가난한 집의 아이였습니다. 그 싸움에서 이긴 슈바이처가 승리감에 취해 있을 때, 상대 아이의 말이 그의 심장에 비수처럼 날아와 꽂혔습니다.

"나도 너처럼 고기를 먹을 수 있다면 지지 않아!"

그날부터 슈바이처는 오랫동안 고기를 입에 대지 못했습니다.

두 번째 만남은 그가 세계적인 학자로 성공한 다음에 이루어졌습니다. 어느 날 공원을 산책하고 있던 그의 눈에 한 조각상이 들어왔습니다. 흑인 노예가 백인 주인의 발을 닦아주고 있는 조각상이었습니다. 그 순간 슈바이처의 심장에 또 하나의 비수가 꽂혔습니다.

두 번째 만남 이후 슈바이처 박사는 아프리카로 떠났습니다.

어려운 성장 과정 속에서 상처를 극복한 사람은 한 번 상처를 입었던 자로서 자신과 같은 상처를 가진 자들을 보듬어 위로해 주는 치유자가 될 수 있습니다. 헨리 나웬은 이런 사람을 '상처입은 치유자' 라고 불렀습니다. 이 장의 주제는 이 상처입은 치유자에 대한 것입니다. 상처받은 자가 어떤 과정을 통해 상처를 치유받게 되는지, 더 나아가 자신과 같은 상처로 고통당하고 있는 사람들을 어떻게 치유할 수 있는지, 성숙의 과정에는 어떤 것들이 있는지에 대해 살펴보려고 합니다.

마음에 깊은 상처를 가지고 있는 사람이 치유받게 되는 인상적인 만남을 나는 '아름다운 만남' 이라고 부르겠습니다. 아름다운 만남이란 한 사람의 영혼에 깊고 따뜻한 영향을 지속적으로 미칠 수 있는 만남을 의미합니다. 내게도 그런 아름다운 만남이 몇 번 찾아왔습니다. 그 만남이 오늘의 나를 만들었고, 지금도 나의 삶 속에 지속적인 영향을 미치고 있습니다.

고향의 자연

내 인생의 첫번째 아름다운 만남은 고향-자연과의 만남입니다. 내 고향은 사면이 푸른 바다로 둘러싸인 그림같이 아름다운 섬입니다. 그 섬에서 우리 집은 보통 섬에서는 보기 힘든 상당히 넓은 들판과 그 너머 사철 내내 비릿한 내음이 기분 좋게 풍겨오는 개펄을 한눈에 바라다볼 수 있는 언덕 위에 자리하고 있었습니다. 마을에서는 좀 떨어져 있었지만, 커다란 소나무들이 둘러치고 있어서 언제나 포근한 느낌이 감도는 그런 집이었습니다. 언덕 아래가 다 우리 전답이었습니다.

밤이면 바다에 떠 있는 작은 섬에서 늦은 귀가를 서두르는 어선을 향해 등대 불빛이 깜박이고, 동쪽 바다에서 떠오른 달이 서서히 뒷산 너머로 사라져 가곤 했습니다. 마치 동화 속 풍경 같은 나의 고향의 모습이었습니다. 당장이라도 소나무 숲을 돌아 휘파람처럼 불어오던 솔바람 소리며 달빛이 하얗게 부서져내리는 백사장에 철썩철썩 부딪쳐오던 파도소리가 귓전에 들려오는 것만 같습니다.

참으로 고향은 내 존재의 바탕입니다. 미국에 있을 때, 몹시 피곤하거나 심한 스트레스가 느껴지면 드보르작의 교향곡 제9번 '신세계' 2악장 '꿈속에 그려라 그리운 고향'을 즐겨 듣곤 했는데, 그 음악을 듣고 있노라면 금세 눈앞에 드넓은 바다가 펼쳐지고, 바닷가에서 작은 소년 하나가 맨발로 뛰노는 모습이 연상되었습니다. 그렇게 바다를 생각하는 것만으로도 깊은 휴식이 되었습니다.

하나님은 내게 가정적인 어려움을 주셨지만 반면에 아름다운 고향의 은총을 베풀어주셨습니다. 아름다운 고향과의 만남이 없었더라면 내 인생이 얼마나 삭막했을까요? 그런 고향이 없었더라도 과연 지금의 내가 존재할 수 있었을까요? 나는 자신있게 "예"라고 대답할 수 없습니다.

아브라함 링컨은 초등학교도 졸업하지 못한 사람이었지만 미국 역사상 가장 위대한 대통령이 되었습니다. 그는 켄터키주 루이빌에서 멀지 않은 한 산골에서 태어났습니다. 올드 켄터키 홈(포스터의 노래 '켄터키 옛집'에 나오는 곳) 근처에 있는 그의 생가는 아주 조그마한 통나무 오두막입니다. 링컨은 그곳에서 아홉 살 때까지 살았다고 합니다.

그곳은 미국에서 숲이 가장 아름답기로 소문난 곳입니다. 9월부터 12월 말까지 4개월 동안 화려한 단풍 축제가 열릴 정도입니다. 어머니를 일찍 여읜 아이, 가난했던 소년 링컨은 이 아름다운 곳에서 자연이 주는 엄청난 힘의 영향을 받았을 것입니다.

이처럼 우리가 자란 고향의 환경은 정체감을 형성하는 데 큰 영향을 끼칩니다. 비록 환경이 불우한 경우라 해도 고향이 주는 자연의 혜택과 위로를 받고 자라났다면 건강한 심신을 유지하는데 많은 도움을 받게 됩니다.

자연과의 만남은 이렇듯 인격 형성에 아주 중요한 조건이 됩니다. 그런 점에서 나는 섬에서 태어나게 된 것을 항상 감사하게 생각합니다. 그 오묘한 자연의 소리, 특히 신비한 그 바람소리가 너무나 좋습니다. 지금도 눈만 감으면 철썩거리는 파도소리와 소나무 냄새, 비릿한 바다 냄새 같은 것들이 바람소리에 묻어오는 것만 같습니다.

맨발의 추억

나는 가끔 맨발에 대해 향수를 느낄 때가 있습니다. 맨발로 살 수 있다면 감기 한번 안 걸리고 건강하게 살 수 있을 것 같습니다. 내가 자랄 때 섬에서는 아무도 신발을 신고 다니지 않았습니다. 아예 신이란 게 없었기 때문에 아무리 추워도 맨발로 다녔습니다. 추운 날에는 동동거리며 빨리 뛰다가 넘어지는 일도 다반사였습니다. 그때 생긴 흉터가 아직도 발 여기저기에 훈장처럼 남아 있습니다. 맨발로 뛰어다녀서 그런지 약골이었어도 감기 한번 걸린 적이 없습니다.

그 시절에는 산이고 들이고 온종일 맨발로 뛰어다녔기 때문에, 발바닥이 곰 발바닥처럼 두꺼워져서 맨발로 돌을 차도 아프지 않았습니다. 무언가에 찔려 발바닥이 곪아갈 때도 있었지만, 시뻘겋게 달군 쇠꼬챙이로 곪은 곳을 몇 번 지져버리면 언제 그랬냐는 듯 깨끗이 낫곤 했습니다. 감기를 앓기 시작한 것은 오히려 뭍에 나와 운동화를 신기 시작한 다음부터였습니다.

초등학교 5학년 때쯤의 일입니다. 외갓집에 다녀온 어머니가 검정 고무신 한 켤레를 얻어왔습니다. 비가 와도 물이 새어들지 않고 눈 속에서도 발이 젖지 않는 그 신기한 고무신을 얼마나 아꼈던지… 신지 않고 모셔두었다가 결국 작아져서 못 신게 된 안타까운 추억도 있습니다.

우리 섬에 하나밖에 없던 자전거를 처음 보던 날도 잊혀지지 않습니다. 두 개의 바퀴 위에 높이 올라앉은 남자가 용케 떨어지지도 않고 바람처럼 빠르게 내 앞을 지나가던 모습이라니…. 눈앞에서 사라져버린 그 자전거를 찾아 종일토록 동생을 업고 온 섬을 돌아다닌 적도 있습니다. 사방 십 리나 되는 섬 안을 다 돌아다녀 보았지만 그 자전거를 다시 보지는 못했습니다.

보리 타작용 발동기가 처음 동네에 들어왔을 때의 일도 빼놓을 수 없습니다. 섬사람들은 그 기계가 통통통 소리를 낸다고 해서 통통기라고 불렀습니다. 통통기는 시꺼먼 연기를 뿜어내며 신나게 돌아갔습니다. 통통기가 돌아가기 시작하면 동네 꼬맹이들이 통통기 꽁무니에서 나오는 연기 냄새를 맡겠다며 연기 속에 코를 들이대고 벌렁거렸습니다. 이런 소소한 기억들조차 내게는 참으로 눈물겹도록 아름다운 고향의 모습들입니다.

배꼽친구들

두 번째의 아름다운 만남은 코흘리개 친구들과의 만남입니다. 기억나지 않을 만큼 아득히 어린 시절부터 그들과 자연스럽게 어울려서 놀았습니다. 우리 집은 항상 동네 아낙들로 붐비곤 했습니다. 잡다한 집안 일을 거들어주고 밥술이나 얻어먹을 요량으로 찾아든 동네아낙들은 항상 어린 자식들을 데리고 왔는데, 따라온 애들이 공교롭게도 대부분 나와 비슷한 또래의 여자애들이었습니다. 난초, 유심이, 땅꼬, 정자, 미자…. 그 외에 불알친구도 하나 있었는데, 그 아이는 항상 오는 둥 마는 둥 해서 나는 언제나 여자애들과 놀 수 있는 특권(?)을 누렸습니다.

여자애들과 나는 하루종일 신랑각시놀음을 하면서 놀았는데, 당연히 나는 신랑이 되고, 여자애들은 모두 각시가 되었습니다. 놀이에서만큼은 여러 처첩(?)을 거느렸던 것입니다. 나는 가장답게 순번을 정하고 모든 색시들과 고루 자주는 시늉을 했습니다. 그렇게 하지 않으면 집안이 시끄러워진다는 나름대로의 윤리관을 벌써 터득하고 있었던 때문일까요? 내가 한 여자애와 방안에 나란히 누워 있으면, 다른 여자애들은 부엌과 마당에서 부지런히 일하는 시늉을 하곤 했습니다.

어린 시절 매일같이 함께 어울려 놀던 그 친구들과의 만남에서 나는 인간관계의 아름다움을 배웠습니다. 어쩌면 이 만남이 나로 하여금 깨어진 인간관계의 회복에 대한 관심을 갖게 했는지도 모르겠습니다. 나는 지금도 그 친구들의 이름과 그때 상황을 모두 선명하게 기억하고 있습니다. 할 수만 있다면 그 친구들을 모두 불러 얼싸안고 잔치라도 벌이고 싶습니다.

섬마을 선생님

세 번째의 아름다운 만남은 1947년에 입학한 초등학교 은사님과의 만남입니다. 독립운동가이자 교회의 집사이기도 했던 그 선생님은 단신으로 섬에 들어와 사재(私財)를 들여 초등학교를 세우고 학생들을 모집했습니다. 그분의 관심은 항상 '이 나라를 위해 살 수 있는 길이 무엇인가?'에 있었습니다. 그래서 얻은 결론은 무지한 민족을 깨우쳐야 한다는 것이었고, 특히 원시 상태나 다름없는 낙도에 학교를 세워 아이들을 가르치는 일이라고 생각했습니다.

섬에 들어온 첫날부터 선생님은 거의 방치되다시피 한 섬 아이들을 부모 이상의 관심과 사랑으로 돌봐주기 시작했습니다. 아이들도 이런 선생님을 몹시 따르고 존경했습니다. 부모님의 사랑에 늘 목말라하던 나도 물론 예외가 아니었습니다. 오히려 부모님보다 선생님을 더 따랐습니다. 선생님은 내게 마치 사랑의 오아시스 같은 분이었습니다.

당시 서른아홉 살의 선생님이 모집한 첫해 학생의 수는 신기하게도 선생님의 나이와 똑같은 39명이었습니다. 모두 1학년으로 입학했지만 나이 차이가 심하게 났습니다. 여덟 살에서부터 구레나룻이 제법 거뭇해진 열여섯 살까지, 공부를 해보겠다고 모여든 학생들은 천차만별이었습니다.

우리를 가르치는 선생님의 열정은 대단했습니다. 애국지사이며 기독교인이던 그 선생님이 학생들에게 보여준 사랑은 참으로 지극한 것이었습니다. 혹 아파서 학교에 나오지 못하는 아이가 있으면 집으로 찾아가 보살펴주었습니다. 그때만 해도 섬 생활이 워낙 어려워서 아이가 아파 누웠다 해도 부모가 한가롭게 머리맡을 지키고 앉아 있을 상황이 아니었습니다. 아파서 열이 펄펄 끓는 아이를 두고도 일하러 나가지 않으면 끼니를 때울 수 없었기 때문입니다. 뭍에 있는 병원까지 갈 형편은 더더욱 아니었습니다. 그때의 섬사람들은 아예 병원이라는 말 자체도 모르고 살았습니다. 아프면 아무도 없는 집에서 끙끙 앓고 누워 지내야 하는 것이 섬 아이들의 형편이었습니다.

선생님은 그런 아이들을 찾아가서 손수 물수건을 적셔 이마에 대주고 찬송가를 불러주었습니다. 학생 모두가 이런 일을 경험했을 만큼 선생님의 사랑은 한결같았습니다. 약골이던 나도 종종 선생님의 방문을 받았습니다. 끙끙 앓다가 잠시 눈을 붙이고 일어나면 영락없이 선생님이 내 머리를 짚어보고 계셨습니다. 낮이나 밤이나, 눈이 오나 비가 오나 제자를 향한 선생님의 한결같은 사랑은 변함이 없었습니다. 비바람이 몰아치는 한밤중에도 제자의 병문안을 마다하지 않으셨습니다. 세상에 태어나서 처음으로 그런 사랑을 받아본 우리는 모두 선생님께 홀딱 빠져버렸습니다.

그때 나의 소원은 빨리 아침밥 먹고 학교 가서 선생님 얼굴을 보는 것이었습니다. 나뿐만 아니라 모든 학생들이 다 그러했습니다. 우리는 공부가 아니라 선생님이 좋아서 부지런히 학교에 다녔습니다. 그야말로 선생님과 학생들이 하나가 되어 있었습니다. 이렇게 2년쯤 지나자 우리는 선생님의 눈빛만 봐도 무엇을 원하시는지 알 수 있게 되었습니다.

선생님은 평소 만주에서 독립운동할 당시의 이야기를 자주 하셨는데, 일본군에게 처참하게 피살된 동지의 시신을 땅에 묻으면서 울었노라는 대목을 말씀하실 때에는 새롭게 감정이 북받치는지 눈물을 주르륵 흘리곤 했습니다. 그 모습을 보면서 우리도 덩달아 엉엉 울었습니다. 비분강개하여 주먹을 불끈 쥐고 책상을 치는 아이도 있고, 격정에 못 이겨 교실을 뛰쳐나가는 아이도 있었습니다. 여러 번 반복해서 듣는 얘기였는데도 선생님이 눈물을 흘리기 시작하면 번번이 감전이라도 된 것처럼 모두 따라 울곤 했습니다. 말 그대로 스승과 제자가 혼연일체된 상태였습니다.

욕 빼고 말하기

이런 선생님도 우리를 어쩌지 못하는 부분이 있었습니다. 우리의 욕하는 버릇이었습니다. 섬 생활이 문명과 동떨어져 있어서 뭍에서 사용하는 점잖은 말을 우리가 알 리 없었고, 그보다는 욕을 욕으로 여기지 않는 독특한 섬 문화 속에서 욕은 그저 일상언어였기 때문입니다. 섬사람들에게는 욕하는 것이 밥을 먹는 것만큼이나 자연스러운 현상이었습니다. 말하자면 섬사람들에게 욕은 욕이 아니라 노래의 후렴구 같은 것이었던 겁니다. 그래서 어느 때든 양념처럼 꼭 욕을 넣어 말하곤 했는데, 그래야만 말하는 맛이 났습니다.

이런저런 이유로 섬사람들은 버릇처럼 욕질을 했습니다. 특히 강조해야 할 말에는 반드시 욕을 집어넣었습니다.

섬사람들이 이처럼 욕을 많이 하는 이유는 유난히 한(恨)이 많아서가 아닐까 하는 생각이 듭니다. 억울하고 분한 일을 당한 뒤에 육지에서 쫓겨온 사람들이 가슴속에 쌓인 한을 욕으로 풀어내다보니 독특한 언어 습관으로 정착된 것일 수도 있습니다. 사실 섬사람들이 내뱉는 욕은 육지 사람들이 생각하는 욕설이 아니라 말을 감칠 맛나게 하는 조미료 같은 것이었습니다.

"야, 민학아, 이 새끼야."

"왜 그러냐, 이 오살할 놈아."

그냥 "얘, 민학아!" 그러면, "응, 왜 그래?" 해도 될 말을 꼭 "이 새끼야"라든가, "오살할 놈아" 따위의 욕을 후렴구처럼 집어넣어서 말을 해야 직성이 풀리는 사람들, 그들이 바로 섬사람들이었습니다. 섬사람 중에서 이런 상투어를 욕이라고 생각하거나 상스럽다고 여기는 사람은 아무도 없었습니다. 이런 현상을 현학적으로 정의하자면, '섬이라는 단절된 공간 속에서 한(恨)과 방임의 정서가 만들어낸 독특한 언어 현상'이라고 말할 수 있겠지요.

그러나 외부 사람들은 이것을 욕으로 인식합니다. 그래서 문화적인 충돌이 생깁니다. 우리의 우상이던 선생님도 여느 뭍사람들처럼, 우리의 일상적인 말투를 욕으로 인식했습니다. 그래서 선생님에게 이것은 심각한 고민거리가 아닐 수 없었습니다. 선생님은 우리가 욕지거리를 내뱉을 때마다 펄쩍 뛰면서 "욕을 하면 훌륭한 대한민국 국민이 아니다. 욕을 하면 하나님의 사랑받는 백성이 아니야!"라고 나무라셨습니다.

선생님은 우리가 드넓은 세상으로 달려나가 무지한 세상을 일굴 훌륭한 일꾼이 되기를 바라셨을 것입니다. 그래서 안타까운 심정으로 우리에게 이렇게 얘기하고 싶었는지도 모릅니다.

"사랑하는 나의 아이들아, 너희들은 드넓은 세상으로 나가서 일할 사람들이다. 그러니까 세상이 요구하는 보편적인 언어를 쓰도록 해라. 너희가 지금 하는 말은 너희에게는 일상언어이겠지만 다른 곳에서는 욕이 된단다. 그러니 많은 사람과 더불어 살아가기 위해서 보편적인 언어를 배우려므나!"

하지만 선생님이 아무리 간곡하게 타일러도 이 점에 있어서는 우리도 정말 어쩌지 못했습니다. 사실 나면서부터 몸에 밴 습관을 하루아침에 바꾸는 일은 쉽지 않습니다. 가끔 선생님의 마음을 기쁘게 해드리려고 눈에 띄게 노력하는 학생들도 있었지만, 불과 몇 분이 못 되어 포기해 버리곤 했습니다. 우리 모두 서울 사람처럼 표준말을 세련되게 해서 선생님을 기쁘게 해드리고 싶었습니다. 하지만 욕 없이 하는 말은 우리에게 외국어나 마찬가지였습니다.

욕표와 마카오산 학습장

선생님을 너무나 좋아했던 우리는 선생님이 계실 때만큼은 욕 없이 말해보려고 애를 많이 썼습니다. 하지만 욕을 빼고 말하는 일이 여간 어려운 게 아니었습니다. 바짝 긴장하고 정신을 집중해야 겨우 욕 없이 몇 마디 할 수 있을 정도였습니다.

 간혹 선생님이 없는 데서도 욕 없이 말해보려고 애쓰는 아이들이 있었습니다. 그런 아이들이 친구를 부를 때 욕을 넣지 않고 그냥 "○○야"라고 부르면 곁에 있던 아이들이 일제히 그를 가리키며 "저 새끼 서울말 쓰네"라고 놀려댔습니다. 그만큼 욕 없는 말은 우리에게 낯설었습니다. 심지어 어머니가 딸애 이름을 부르면서도 "○○야, 이년아!"라고 욕을 넣어 부르지 않으면 이상할 정도였습니다. 그냥 "○○야"라고 부르면 뭔가 딱딱한 느낌이 드는 것 같고, "○○야" 다음에 "이년아"를 붙여야 박자가 맞는 것 같은 기분이 들었습니다.

 이런 지경이니, 선생님이 아무리 애를 쓴다 해도 아이들의 입에서 욕을 사라지게 할 수는 없었습니다. 궁리 끝에 선생님은 우리들에게 '욕표'를 나누어주었습니다. 한 사람 앞에 욕표를 열 장씩 나누어준 다음 선생님은 이제까지와는 다른 조건을 내걸었습니다.

 "지금부터 누구든지 욕을 하면 그 소리를 제일 먼저 듣는 사람이 그 사람의 욕표를 뺏는다. 오늘부터 토요일까지 일주일의 시간을 주겠다. 토요일 12시에 이 욕표를 검사해서 잘한 사람에게는 상을 주고, 못한 사람에게는 벌을 주겠다. 그때까지 오늘 받은 10장 외에 10장을 더 모아오는 사람에게 이 학습장을 상품으로 주겠다. 그러나 한 장도 없이 욕표를 다 빼앗긴 학생은 옷을 홀랑 벗겨서 운동장을 두 바퀴 돌릴 테니까 알아서 하도록!"

 이렇게 말씀하시면서 선생님은 우리가 그때까지 한번도 본 적 없는 순백색의 마카오산 학습장을 높이 흔들어보였습니다. 우리는 모두 눈처럼 하얀 그 마카오산 학습장에 넋을 잃고 말았습니다.

'세상에, 저런 학습장이 다 있네….'

눈처럼 희고 얇은 종이가 선생님의 손끝에서 마술처럼 차르륵 펼쳐졌다가 가지런히 접히곤 했습니다. 우리는 마치 꿈을 꾸는 것처럼 그것을 바라보았습니다.

욕표 뺏기 전쟁

그때까지 우리는 구호물자로 나오는 누런 비료포대를 잘라 굵은 무명실로 꿰매 만든 사제 학습장을 쓰고 있었습니다. 두껍고 거친 데다가 누런 색 때문에 질 나쁜 연필로 글씨를 쓰면 잘 보이지도 않던 우리들의 학습장, 가끔 가다가 비료 알갱이와 흙이 붙어 있는 우리들의 학습장과 선생님이 들고 있는 순백의 마카오산 학습장은 비교할 수도 없었습니다.

그날부터 39명 모두에게 이 마카오산 학습장은 그야말로 야망의 표적이 되었습니다. 반 아이들 모두 내심으로 '절대로 욕하지 않고 욕표를 많이 뺏어서 저 학습장을 꼭 타고 말 거야!' 라고 결심했음은 물론입니다. 이런 결심에도 불구하고 수업이 끝나자마자 아이들은 자기도 모르게 욕을 내뱉기 시작했습니다. 말할 때마다 후렴구처럼 욕이 따라붙는 습관도 여전했습니다.

사실 아이들의 의지로 이미 체질화된 습관을 단숨에 벗어버리는 일은 거의 불가능에 가까웠습니다. 말이란 게 거의 반사적으로 튀어나오는 것이니 웬만큼 정신을 차리지 않으면 무심코 쏟아져나오는 욕을 어찌할 도리가 없었습니다.

욕표를 뺏고 뺏기느라 교실은 날마다 난장판이었습니다. 아이들은 며칠 동안 욕표를 뺏고 뺏기는 장난을 즐겼습니다. 그러다 수요일부터 욕표에 대한 생각이 달라지기 시작했습니다. 말을 조심하는 아이들이 눈에 띄게 늘었고, 모두들 다른 아이들의 욕설에 부쩍 신경을 쓰기 시작했습니다. 어딘지 모르게 아이들 사이에서 살벌한 느낌마저 감돌기 시작했습니다.

목요일부터는 아예 책보로 입을 가리고 다니는 녀석들까지 나타났습니다. 아무리 노력을 해도 말만 하면 자기도 모르게 욕이 튀어나오니까 아예 말을 하지 않겠다는 심산이었습니다. 그렇게 입을 가리는 아이들은 대체로 몸이 약한 아이들이었는데, 힘센 녀석들이 이런 아이들을 가만 놔둘리 없었습니다. 완력으로 입을 가린 책보를 벗겨내 입에서 자동적으로 욕이 튀어나오게 했습니다. 이런 식으로 욕표를 빼앗기는 아이들도 부지기수였습니다.

그것은 참으로 이상한 전쟁이었습니다. 욕표를 빼앗으려는 세력과 욕표를 빼앗기지 않으려는 세력이 날마다 충돌했고, 낮말은 새가 듣고 밤말은 쥐가 듣는다는 속담이 무색하리만큼 낮이고 밤이고 가리지 않고 욕을 뱉어낼 때마다 어디선가 친구들이 나타나 욕표를 달라고 요구하곤 했습니다.

심지어 자기 집에서 밤늦게 동생에게 하는 욕마저 친구들에게 도청될 정도였습니다. 어느 날 동생들이 밤늦도록 잠을 자지 않고 떠들기에 "야, 이 새끼들아, 빨리 자"라고 말하는 순간, 밖에서 "너 욕했으니까 내일 욕표 다오"라는 친구의 목소리가 들려온 적도 있습니다. 그 친구는 내게 욕표 한 장을 뺏기 위해 추운 밤중에 우리 집 처마 밑에 쭈그리고 앉아 오들오들 떨고 있었던 것입니다. 이 정도이니 가히 전쟁이라고 부를 만했습니다.

주말이 가까워오자 아이들은 필사적으로 욕을 하지 않으려고 애를 썼습니다. 될 수 있는 대로 말을 하지 않으려 했고, 자신이 없는 아이들은 하나같이 책보로 입을 가리고 다녔습니다. 친구를 만나는 일도 꺼렸습니다. 그렇게 일주일이 지나고 마침내 운명의 토요일이 밝았습니다.

아침부터 교실에는 긴장감이 감돌았습니다. 그리고 작은 술렁임이 일었습니다. "나는 세 장 갖고, 너는 일곱 장 가졌으니 둘이 표를 합쳐서 내고 학습장을 타서 반반씩 나눠 갖자"고 말하는 아이도 있고, 아무개가 억지로 자기 표를 뺏어갔다며 씩씩대는 아이도 있었습니다.

눈물의 회초리

마침내 운명의 순간, 교무실에 다녀온 반장이 모두 욕표를 책상 위에 올려놓으라고 말했습니다. 각자의 책상 위에 욕표가 진열되었습니다. 책상 위에 놓인 욕표의 수는 천차만별이었습니다. 어떤 아이는 40장, 어떤 아이는 30장, 어떤 아이는 10장을 자랑스레 내놓았습니다. 그런 아이들은 벌써 마카오 학습장을 타기나 한 것처럼 입을 다물지 못하고 싱글벙글했습니다. 그렇지 못한 아이들도 다들 책상 위에 욕표 몇 장씩을 올려놓았습니다.

39명 가운데 욕표를 한 장도 갖지 않은 아이는 아무도 없었습니다. 오직 한 사람, 나를 빼고는…. 나는 속으로 나와 함께 옷을 벗고 운동장을 뛸 녀석이 적어도 한두 명은 더 있을 거라고 생각했습니다. 그러나 아무리 둘러봐도 욕표를 다 빼앗긴 사람은 나 혼자뿐이었습니다.

'아뿔싸! 나 혼자서만 옷을 벗은 채 운동장을 돌게 되었구나!'

나는 도저히 선생님을 뵐 면목이 없었습니다. 고개를 푹 숙이고 있다가 어째 교실 안이 잠잠하다 싶어 살짝 고개를 들어보니, 선생님이 무서운 눈으로 나를 노려보고 계셨습니다. 한 번도 본 적이 없는 선생님의 얼굴이었습니다.

"너 이놈, 날 따라와!"

이 한마디를 던지고 선생님은 성큼성큼 교무실로 앞장서 걸어가셨습니다. 나는 10미터도 안 되는 복도를 될 수 있는 대로 천천히 걸어가면서 생각해 보았습니다.

'선생님이 왜 벌을 주지 않고 교무실로 오라고 하시지?'

교무실에 들어서자 선생님이 노한 얼굴로 회초리를 들고 앉아 계셨습니다. 선생님의 예상치 못한 태도에 벙벙한 표정으로 우물거리자 선생님이 차가운 표정으로 말했습니다.

"열 대를 때릴 테니 바지 걷어올리고 때릴 때마다 수를 크게 세거라."

나는 명령대로 바지를 걷어올리고 선생님 앞에 섰습니다. 하지만 선생님의 따뜻한 성품을 잘 알고 있었기 때문에 그다지 걱정하지는 않았습니다. 한편으로 발가벗고 운동장을 도는 것보다는 훨씬 낫다고 생각했습니다.

그러나 매를 내려치는 선생님의 손길은 나의 예상을 크게 빗나가고 있었습니다. 선생님이 회초리를 쥔 손에 있는 힘을 다 모아 때리고 있다는 것을 느낄 수 있었습니다. 어찌나 세게 내려치던지 마치 회초리가 살 속으로 파고드는 느낌이 들었습니다. 나는 겨우 셋을 세고서 홱 돌아섰습니다. 회초리를 붙잡고 용서를 빌 참이었습니다. 바로 그때 눈물로 범벅이 된 선생님의 얼굴이 눈에 들어왔습니다. 회초리 세 대를 때리면서 선생님이 울고 계셨던 것입니다!

"이놈아, 내가 너를 얼마나 믿었는데…."

그 순간 선생님의 울음 섞인 목소리가 내 가슴속에 천둥처럼 울려퍼졌습니다. 그때부터는 맞아도 전혀 아프지가 않았습니다. 그리고 부끄럽지도 않았습니다. 다만 선생님이 나 때문에 눈물을 흘리고 계시다는 사실에 몹시 충격을 받았습니다. 가슴속에서 뜨거운 감격의 파동이 세차게 일었습니다. 매 맞는 것쯤이야 아무것도 아니었습니다. 속 깊은 데서부터 선생님을 향한 사랑이 봇물처럼 솟아났습니다.

열 대를 맞고 교실로 돌아오자, 아이들이 유리창에 다닥다닥 달라붙어 있었습니다. 벌거벗고 운동장을 도는 내 모습을 보기 위해서였습니다. 아이들은 그냥 매만 맞고 교실로 돌아온 나를 보고 몹시 실망하는 눈치였습니다. 좋은 구경거리를 놓친 녀석들은 불만스러워했지만 나는 아랑곳하지 않고 책상에 엎드려 엉엉 소리내어 울었습니다.

1949년 11월 하순, 내 나이 열 살 때의 일이었습니다. 나는 그날 책상에 머리를 파묻고 울면서 마음속으로 이렇게 다짐했습니다.

'나도 크면 선생님처럼 나라를 사랑할 거야. 나도 크면 선생님처럼 다른 사람들을 사랑할 거야. 나도 크면 선생님처럼 훌륭한 사람이 될 거야!'

그 순간의 다짐이 먼훗날 나의 삶에서 생명의 씨앗이 될 줄은 그때는 미처 몰랐습니다.

선생님은 이듬해에 다른 섬에 학교를 세우기 위해 우리 곁을 떠나갔습니다. 작은 돛단배를 타고 떠나는 선생님을 배웅하기 위해 섬 아이들이 모두 선착장으로 나갔습니다. 아이들은 선생님을 목놓아 부르며 울부짖었습니다. 선생님도 아이들의 이름을 하나하나 불러주면서 하염없이 눈물을 쏟았습니다. 아이들은 배가 보이지 않을 때까지 울면서 선착장을 떠나지 못하자 부모님들이 안타까워하면서 아이들을 달랬습니다.

"들어가자. 내일이면 더 좋은 선생님이 오실 거야."

"더 좋은 선생님 싫어."

비록 그날 선생님은 떠나가셨지만 지금까지도 우리들 마음속에 늘 함께 계십니다. 그로부터 몇 년 뒤 6·25 전쟁이 터졌고 선생님에 대한 기억도 차츰 잊혀져 갔습니다.

미국에서 공부하던 어느 날 지도교수로부터 '오늘의 나를 만든 것이 무엇인가?'를 생각해보라는 과제를 받았습니다.

'오늘의 나를 만든 것이 과연 무엇일까?'

곰곰이 생각해보던 내 머릿속에 하나의 영상이 섬광처럼 떠올랐습니다. 선생님의 노한 모습과 회초리, 그리고 나를 믿었었노라 말하며 눈물을 흘리시던 모습, 나도 커서 선생님처럼 하나님과 나라와 이웃을 사랑하는 훌륭한 사람이 될 거라고 다짐하던 열 살짜리 초등학생의 모습이 선명히 떠오른 것입니다.

'초등학교 3학년짜리 소년으로 하여금 그런 결심을 하게 한 선생님의 사랑이 오늘의 나를 있게 했구나! 예수 믿는 사람 하나 없는 집안에서 태어나 예수님을 영접하고, 신학교를 나와 목사가 된 것, 치유목회를 공부하러 미국까지 오게 된 것이 다 그 선생님에게서 비롯된 것이었구나! 그 시절에 내 마음속에 내가 앞으로 하나님과 나라와 이웃을 사랑하는 훌륭한 사람이 될 거라고 말해주는 운전사가 들어온 거야.'

나는 감격스럽게 그 사실을 인정했습니다. 선생님의 사랑이 나를 치유상담과 목회상담의 길로 인도했던 것입니다.

"이놈아, 내가 널 얼마나 믿었는데…."

울면서 회초리를 치시던 선생님은 그때 이미 사랑의 바탕 위에서 치유가 일어난다는 치유상담의 원리를 알고 계셨던 것입니다. 하지만 그런 선생님도 그때의 매가 욕쟁이 제자의 인생을 영원히 바꾸어놓았다는 사실은 꿈에도 생각치 못했을 것입니다.

깨어진 인분통

중학생 때 나는 또 한 번의 아름다운 만남을 경험했습니다. 이 네 번째 만남은 앞선 세 번의 만남의 바탕 위에서 이루어졌습니다. 초등학교를 졸업하고 다행히 목포 시내에 있는 중학교에 진학할 수 있었습니다. 당시 목포 시내에서 포장된 길은 오직 한 곳뿐이었는데, 그 포장된 길을 따라 양옆으로 비단 가게들이 즐비하게 늘어서 있는 경동시장이 바로 그곳이었습니다.

중학교 2학년의 어느 봄날, 여느 때처럼 나른한 기분으로 학교를 다녀오고 있었습니다. 학교에서 하숙집으로 가려면 반드시 경동시장을 지나야 했기에 그곳을 지나가고 있는데, 때마침 맞은편에서 커다란 인분통을 실은 마차가 다가오고 있었습니다.

햇빛에 그을려 구릿빛 얼굴을 한 농부가 마차를 운전하고 있었습니다. 나는 행여 냄새나는 똥물이 내게 튈세라 비단가게의 쇼윈도우 쪽으로 몸을 바짝 붙이고 서서 마차가 지나가기를 기다리고 있었습니다. 그런데 말이 무언가에 놀란 듯 앞다리를 높이 들고 껑충 뛰었습니다. 그순간 마차에서 인분통이 떨어지면서 인분이 쏟아져나왔습니다. 순식간에 경동시장의 도로 위로 누런 인분덩이가 흘러넘치기 시작했습니다. 고약한 인분 냄새가 코를 찔렀습니다.

왜 하필 비단 시장 골목에서 그런 일이 일어난 것일까? 가게에서 몰려나온 상인들이 그 농부를 향해 사납게 삿대질을 해대면서 입에 담지 못할 소리를 퍼부었습니다. 인분 때문에 가까이 다가갈 수는 없고, 어떻게든 분풀이를 하고 싶은 상인들이 발을 동동 구르며 농부를 향해 갖은 욕지거리를 내뱉었습니다. 수치스럽고 미안한 마음에 반쯤 넋이 나가버린 농부가 어떻게든 인분을 쓸어 담아보려고 허우적대고 있었습니다. 이쪽에서 쓸어담으면 저쪽으로 새어나가고, 저쪽에서 쓸어담으면 이쪽으로 새어나가는 인분덩이를 정신없이 끌어담고 있었습니다. 넋이 빠져버린 그에게는 그토록 지독한 인분냄새도 느껴지지 않는 모양이었습니다. 애당초 끌어모은다고 모아질 리 없는 그 인분덩어리들을 그는 그렇게 끝도 없이 쓸어담고 있었습니다.

그런 농부를 보면서 가슴속에서 무언가가 울컥 치밀어올랐습니다. 절대로 냄새나 인분에 대한 혐오감 때문은 아니었습니다. 무언가 형언하기 어려운 안쓰러움과 안타까움, 그리고 인생의 비애와 무거움이 동시에 느껴져서 견딜 수가 없었습니다. 결국 소방차가 출동하여 인분을 다 치우고 난 다음에야 똥으로 범벅이 된 농부가 죄인처럼 풀죽은 모습으로 그곳을 떠나갔습니다.

큰 충격을 받은 나는 도저히 일어나서 걸어갈 수가 없었습니다. 내가 들고 있는 학생가방이 너무나 사치스럽게 여겨졌습니다. 그때 가슴 저 깊숙한 곳에서 맹수의 울부짖음 같은 소리가 들려왔습니다.

"하나님, 나는 무엇이관대 가방 들고 학교에 공부하러 다니고 저 농부는 어째서 저렇게 살아야 하는 건가요? 왜 같은 인간인데 이렇게 불공평한 것입니까?"

집에 돌아온 나는 일기장에 이렇게 썼습니다.

"나는 앞으로 저렇게 불쌍한 농부들을 위해 살겠다."

농부에 대한 이런 연민은 '나도 커서 내 초등학교 선생님처럼 이웃을 사랑하는 사람이 되겠다' 라는 마음 바탕에서 비롯된 것이었습니다. 그때부터 나는 어떻게 하면 농부들을 위해 살 수 있을까를 골똘히 생각하기 시작했습니다.

'어떻게 해야 농부들을 위해 살 수 있을까? 의사가 된다면 농부들을 도울 수 있지 않을까? 의사가 되어서 가난한 농부들에게 좋은 의료 혜

택을 누리게 할 수 있다면 얼마나 멋진 일이 될까!'

그 무렵 나는 아프리카에서 헌신적인 의료 활동을 펼치고 있던 슈바이처 박사를 몹시 흠모하고 있었습니다. 그분을 닮고 싶어서 그분에 관한 책을 모조리 사다 읽었습니다. 뿐만 아니라 슈바이처 박사에게 17번씩이나 직접 편지를 써보내기도 했습니다. 하나님께서 이름 모를 그 농부와의 만남을 통해 내게 인생의 방향을 제시해주신 것입니다.

우리는 모두 이렇듯 우연히 찾아오는 어떤 만남들을 통해서 인생의 중요한 계기를 맞이합니다. 지금 이 순간에도 누군가가 잠들어 있는 영혼을 흔들어 깨워줄, 그리고 세상을 향하여 그리스도의 뜨거운 사랑으로 달려나가게 해줄 드라마틱한 만남을 체험하고 있을지 모릅니다.

해변에서 만난 하나님

또 다른 나의 아름다운 만남은 저녁 노을이 짙게 드리워진 고향 바닷가에서 일어났습니다. 귀에 이상이 생겨 의대시험에 낙방한 나는 한동안 실의에 빠져 지냈습니다. 슈바이처 같은 의사가 되겠다는 꿈이 물거품이 되었기 때문입니다. 어린 시절 오랫동안 귀앓이를 한 적이 있었는데, 그것이 그만 귓속을 기형으로 만들어버린 것이었습니다. 청천벽력 같은 충격이었으나 그냥 주저앉을 수만은 없어서 차선책으로 공대에 가기로 결심하고 고향 섬에 들어가 재수생활을 시작했습니다. 나는 입시를 준비하면서도 자연이 주는 위로와 아름다움에 한껏 매료되어 있었습니다.

고향 마을 앞으로 명사십리가 그림처럼 펼쳐져 있는 바닷가가 있습니다. 종이가 귀한 시절이기도 했지만 경치가 너무나 아름다워서 나는 매일 바닷가에 나가 공부를 했습니다. 백사장의 모래가 어찌나 곱고 부드러운지 노트가 따로 필요없었습니다. 나는 모래 위에다 손가락으로 수학 문제를 풀기도 하고, 가끔은 되지도 않는 시를 적어보기도 했습니다. 드넓은 백사장에 항상 나 혼자뿐이었습니다.

그러던 어느 날 백사장에 앉아 있다가 붉게 빛나는 태양이 바다 속으로 잠겨드는 광경을 목격하게 되었습니다. 커다란 태양이 바다 속으로 서서히 잠겨들 때 하늘과 바다에 장엄한 빛의 잔치가 연출되고 있었습니다. 마치 천지창조의 신비를 보고 있는 것 같았습니다. 나는 숨이 막힐 듯한 감동으로 그 신비한 빛의 잔치를 지켜보다가 백사장에 고꾸라져서 엉엉 울고 말았습니다. 그리고 나도 모르게 하나님께 부르짖었습니다.

"하나님, 나 주님의 종이 되겠습니다!"

참으로 난데없는 폭탄선언이었습니다. 통제할 수 없는 어떤 감동이 전신을 감싸오는 것이 느껴졌습니다. 마치 모세가 불타는 떨기나무 가운데서 하나님의 사자(使者)를 만난 것처럼 나도 그 위대한 자연의 경이 앞에서 하나님의 임재를 느꼈습니다. 나는 두려움과 감격에 떨며 외쳤습니다.

"하나님, 내 몸을 당신의 도구로 사용해주십시오."

대학입시를 불과 3개월 앞두고 일어난 사건이었습니다. 그날 얼마나 오랫동안 백사장에서 뒹굴었던지 일어나보니 얼굴이 온통 눈물과 콧물, 모래로 뒤범벅이 되어 사람의 몰골이 아니었습니다. 몸도 온통 모래범벅이었습니다. 그러면 어떻습니까! 그 순간만큼은 석양 속의 자연을 통해 나를 불러주신 하나님께 내 몸이 전제로 드려진다 해도 상관이 없었습니다.

데이브릭의 성자 헨리 나웬

헨리 나웬과의 만남은 미국 유학시절에 이루어졌습니다.

미국 사람들은 고생을 많이 안 해서 그런지 신앙심이 별로 없습니다. 그들은 신앙을 감정적인 체험 정도로 생각하는 경향이 있습니다. 그래서인지 그들 중에는 감정이 뜨거워지는 것을 가지고 신(神)을 체험했다고 생각하는 사람들이 많습니다. 대체적으로 그들은 진정한 신앙생활을 가능케 하는 결정적인 무엇인가를 느끼지 못하는 것 같습니다.

그런 곳에서 신앙생활을 하자니 영적 허기가 느껴지는 것 같았습니다. 상담 기술이야 책을 통해 배울 수도 있다지만, 기갈이 든 신앙은 어찌 달래볼 도리가 없었습니다. 그러다가 어느 날 도서관에서 놀라운 책을 발견했습니다.

헨리 나웬의 "상처입은 치유자"(The Wounded Healer)라는 책이었습니다. 헨리 나웬은 신부이자 저명한 상담학자로서 하버드대학과 예일대학에서 목회상담을 강의하고 있었습니다. 그런데 어느 날 그가 돌연 학교에 사표를 제출하고 종적을 감추어버렸습니다. 그리고 2년 뒤, 남아메리카의 한 빈민촌에서 맨발로 생활하고 있는 모습이 발견되었습니다. 그러자 많은 사람들은 이 세계적인 석학을 다시 문명사회로 불러들이기 위해 애를 썼습니다. 여러 대학에서 그를 초빙하려고 끈질긴 설득을 벌였으나 성공하지 못했습니다.

"대학 강단은 내 영혼을 죽이는 곳입니다. 나는 이 사람들과 나머지 인생을 함께하고 싶어요."

그는 단호히 말했지만 세계가 그를 기다리고 있었고, 다하지 못한 사명이 그에게 있었습니다. 결국 노틀담대학의 교수로 다시 문명사회에 복귀한 그의 강의를 듣기 위해 전세계의 학생들이 노틀담대학으로 몰려들었습니다. 이런 환호와 기대에도 불구하고 그는 몇 년 뒤 또 다시 강단을 떠났습니다.

헨리 나웬은 이후 캐나다의 토론토 근교 'Daybreak'(새벽의 집)에 머물면서 정박아들을 돌보는 일과 기도, 집필하는 일로 생을 보내다가 1996년에 심장마비로 세상을 떠났습니다.

도서관에서 처음 헨리 나웬의 책을 대했을 때 가슴이 심하게 뛰었습니다. 그의 책에서는 지식이 아니라 생명의 언어가 펄펄 살아 움직이고 있었기 때문입니다.

'도대체 어떤 사람이기에 이런 책을 쓸 수 있다는 말일까!'

책의 저자를 꼭 한 번 만나보고 싶었습니다. 그래서 하버드로, 예일로 그를 부지런히 찾아다녔습니다. 노틀담대학에도 가보았습니다. 하지만 그의 소식을 아는 사람은 아무도 없었습니다. 사실상 그때 내가 그를 찾았다 해도 아마 만날 수는 없었을 것입니다. 그가 전세계에서 그를 찾아오는 방문객들을 일체 만나주지 않았기 때문입니다. 결국 그를 만나지 못한 채 고국으로 돌아오고 말았지만, 그는 항상 내 마음속에 큰 스승으로 남아 있었습니다.

그런데 예기치 않은 곳에서 그와의 만남이 이루어졌습니다. 1990년, 시카고의 맥코믹 신학대학원에 교환교수로 가 있을 때 한 지인으로부터 그가 캐나다 토론토의 북쪽 데이브릭에 살고 있다는 소식을 들었습니다.

나는 다시 그를 찾아나섰습니다. 당장 토론토로 날아가서 그에게 전화로 만나줄 것을 요청했습니다. 하지만 그는 정중히 거절의사를 보였습니다. 나는 간절한 목소리로, "당신은 나의 영적인 스승이며, 한국에서 당신의 사상을 강의하고 있습니다. 나의 학생들에게 좀더 진지한 강의를 하기 위해서라도 당신을 꼭 만나보고 싶습니다"라고 말했습니다. 내 정성이 통했는지, 그가 내일 오후 5시까지 데이브릭으로 올 수 있겠느냐고 물었습니다. 그때가 기도하는 시간이기 때문에 30분 정도 시간을 낼 수 있다는 것이었습니다.

이튿날 나는 한달음에 데이브릭으로 달려갔습니다. 건장한 체구의 헨리 나웬이 문 앞까지 나와 반갑게 맞아주었습니다. 어린아이같이 순진한 표정으로 나를 반겨주는 그를 보면서 그가 67세라고는 도저히 믿어지지 않았습니다. 그만큼 그는 젊고 활기차보였습니다. 우리는 정각 5시에 그의 서재로 들어갔고, 시간 가는 줄 모르고 이런저런 대화를 나누었습니다. 그곳에서 우리 둘 사이에 얼마나 깊고 놀라운 이야기가 오고갔는지 여기서 다 말할 수는 없습니다.

우리는 대화를 나누면서 함께 울기도 하고 웃기도 했습니다. 둘 다 서로의 이야기에 푹 빠져들었던 것입니다. 대화는 끝없이 이어졌습니다. 30분간만 만나자던 애초의 약속을 잊어버린지는 오래였습니다. 심지어 식사도 잊은 채 대화에만 열중했습니다.

우리의 대화는 방문을 두드리는 직원의 노크소리에 끝이 났습니다. 밖으로 나왔을 때 데이브릭은 이미 캄캄한 어둠에 둘러싸여 있었습니다. 시간을 확인하니 무려 네 시간이 훌쩍 지나 있었습니다.

급히 인사를 하고 나오려 하자 헨리 나웬이 나를 붙잡더니 16권이나 되는 자신의 저서를 억지로 안겨주었습니다. 그런 그에게 눈물로 작별을 고하면서 마음속으로 한 가지 다짐을 했습니다.

'나도 언젠가는 당신처럼 상처받은 이웃을 위해 살겠습니다.'

지금 나는 두 가지 꿈을 가지고 있습니다. 하나는 헨리 나웬처럼 모든 것을 떠나 조용히 사는 것이고, 하나는 거지가 되어 세상을 두루 돌아다녀보는 것입니다. 두 번째 꿈은 조금 자신이 없어도, 헨리 나웬처럼 살아보고 싶다는 꿈은 지금도 소중히 간직하고 있습니다. 언제쯤이면 그의 앞에서 다짐했던 대로 살 수 있게 될까요?

웨인 오츠 교수

존경하는 나의 스승인 웨인 오츠 박사와의 만남도 나를 변화시켰습니다. 그는 아주 궁핍한 어린 시절을 보냈습니다. 어찌나 가난했던지 초등학교를 막 졸업할 무렵부터 그가 가족의 생계를 모두 책임져야 했을 정도였습니다. 지금 식으로 말하자면 소년가장이었던 셈입니다. 그는 초등학교를 졸업한 뒤 워싱턴 시의사당 앞의 구두수선소에서 구두를 닦았습니다. 어느 날 그가 일하는 구두수선소에 상원의원 한 명이 구두를 닦으러 왔습니다. 그 상원의원이 구두를 닦고 있는 웨인 오츠를 유심히 바라보더니 나이를 물었습니다. 열두 살이라는 오츠의 말에 그가 이렇게 말했습니다.

"나도 너처럼 열두 살 때 구두를 닦았단다. 그러니 너도 열심히 살면 나처럼 상원의원이 될 수도 있다."

그 순간 웨인 오츠는 망치로 머리를 얻어맞은 것 같은 충격을 받았습니다.

'저렇게 훌륭한 상원의원 아저씨도 내 나이 때에 구두를 닦았구나. 나도 열심히 살다보면 저분처럼 훌륭한 신사가 될 수 있을 거야!'

그때부터 웨인 오츠는 일을 끝낸 뒤 열심히 공부했습니다. 너무 일찍이 냉혹한 생존경쟁의 세계에 뛰어들어 인생의 소망을 접어버릴 뻔한 어린 소년에게 상원의원의 말 한마디가 새로운 희망의 불을 지펴주었던 것입니다. 훗날 웨인 오츠는 인간의 마음을 치료하는 대학자가 되었습니다(그는 켄터키의대의 정신과 교수와 침례교신학대학의 치유상담 교수를 겸임하는 등 세계적인 심리상담 학자로서 치유상담 분야에 큰 족적을 남겼습니다).

오츠 교수는 어려운 가정환경에서 자란 나를 무척이나 대견스럽게 생각해주었습니다. 내게 도움이 될만한 치유 모임이 있으면 적극 추천하면서 온갖 지원을 아끼지 않았습니다. 그러면서 나도 자기처럼 될 수 있다는 이야기도 빼놓지 않았습니다. 사실 오츠 박사의 성장 과정이 나보다 더 불행했는지 모릅니다. 열두 살 구두닦이 소년가장에서 세계적인 학자가 된 오츠 박사는 때때로 절망의 늪으로 빠져들어가던 나의 생명줄이 되어주었습니다.

롤로 메이

롤로 메이를 직접 만난 적은 없습니다. 하지만 그의 사상과 인간애를 통해 마음으로 수없이 대화를 나누었으니 만남이라는 말을 써도 어색하지 않을 것 같습니다. 그는 작은 키에 아주 내성적인 성품의 소유자였다고 합니다. 어린 시절 YMCA 순회전도사였던 아버지 때문에 자주 이사를 다녔는데, 이사한 곳에서 겨우 친구를 사귈 만하면 다시 떠나야 하는 일이 반복되었습니다. 그리하여 어린 롤로 메이의 마음에 병이 찾아왔습니다. 아주 내성적인 성격의 소유자가 되었고 다른 사람들과 잘 사귀지 못하고 고독을 즐기다 결국 폐결핵에 걸리고 말았습니다. 이렇게 그는 젊은 시절을 항상 죽음의 공포 속에서 살았습니다.

훗날 롤로 메이는 이때 느낀 불안을 탐구하여 "불안이 인간에게 좋지 않은 영향을 미친다"는 당시에 유행하던 학설을 뒤엎고, "불안이 오히려 인간에게 좋은 창의력을 제공할 수도 있다"는 새로운 연구 결과를 발표했습니다. 롤로 메이의 주장에 따르면, 현재 아픔을 느끼고 있다는 사실은 장차 치유될 수 있다는 사실을 의미합니다. 이 사실을 뒷받침하면서 그는 사느냐 죽느냐의 기로에 놓인 절박한 폐결핵 환자의 경우를 예로 들었습니다.

절박한 순간을 맞이한 폐결핵 환자들에게는 대체로 두 가지 반응이 나타난다고 합니다. 회복될 환자의 몸에서는 열이 나지만 죽게 될 환자의 몸에서는 열이 나지 않습니다. 이때 열이 나는 것은 아직도 결핵과 싸워서 이길 힘이 남아 있다는 사실을 의미합니다. 열은 백혈구가 결핵균을 대항해 싸우는 과정에서 발생하므로 더 이상 열이 나지 않는 것은 이미 결핵균과 싸울 수 있는 힘을 상실해버렸다는 뜻입니다. 열이 식어버린 환자는 얼마 안 가서 사망해 버립니다.

인간이 가지고 있는 상처가 댐에 저장된 담수와 비유되기도 합니다. 보통 때는 아무 일 없어보여도 홍수 때 저장된 물을 한꺼번에 쏟아내면 엄청난 사고를 일으킬 수 있습니다. 우리의 상처도 치유되지 않은 채 그대로 방치되면 댐에 가둔 담수처럼 많은 사람들을 다치게 할 수 있습니다. 그러나 댐에 발전소를 설치하면 홍수를 피하고 전기를 만들어 수많은 곳을 밝힐 수 있듯이, 상처도 잘만 이용하면 오히려 많은 사람들을 도울 수 있는 자원이 됩니다.

발전소가 크면 클수록 발전량이 많아지는 것처럼, 상처도 크면 클수록 상처가 치유되었을 때 더 큰 치유의 힘을 발휘할 수 있게 됩니다. 때로는 그 힘이 이웃을 위로하는 따뜻함으로, 때로는 어두운 세상을 밝히는 빛으로 엄청난 에너지를 발휘할 수 있습니다.

롤로 메이에 관련된 일화 하나를 소개하겠습니다. 그가 유니온신학교에 다니고 있을 때, 히틀러 정권에 의해 추방당한 독일의 신학자 폴 틸리히가 부임해왔습니다. 폴 틸리히 교수는 당시 철학과 신학, 심리학 분야에서 세계적인 명성을 얻고 있던 석학이었습니다. 그런 폴 틸리히 교수에게도 약점이 있었는데, 영어에 익숙하지 않아 억센 독일식 악센트가 그대로 튀어나오는 우스꽝스러운 발음을 한다는 것이었습니다. 학생들은 그의 강의 시간 내내 웃음을 참지 못해 곤욕을 치렀습니다.

한 학기 동안 이런 일이 계속되자 폴 틸리히 교수는 점점 자신감을 잃어갔습니다. 더군다나 그는 사랑하는 조국에서 추방당한 고독한 망

명객의 처지였습니다. 본의 아니게 낯선 땅에서 망명생활을 감내해야 하는 그에게 학생들의 비웃음은 견딜 수 없는 것이었습니다. 그는 평생 쌓아온 학문적 업적이 일시에 무너져내리는 것 같은 아픔을 느끼며 한없는 좌절 속으로 가라앉았고, 모든 의욕을 잃어버렸습니다.

그는 강의실 앞에서 벌벌 떨었습니다. 강의를 안 할 수는 없고, 하자니 도살장에 끌려가는 소 같은 기분이 들었습니다. 그때 하나님께서 롤로 메이에게 이런 폴 틸리히 교수의 고통을 바라보게 하셨습니다.

어느 날 경직된 마음으로 강의를 끝내고 집으로 돌아오던 틸리히 교수가 우편함에서 카드 한 장을 발견했습니다. 카드에는 다음과 같은 글이 적혀 있었습니다.

"선생님, 힘을 내세요. 우리가 웃는 것은 선생님의 발음 때문이지 강의 때문이 아닙니다. 선생님의 강의는 너무나도 훌륭합니다. 그러니 우리가 웃더라도 힘을 내십시오. 우리 모두 선생님을 존경하고 사랑합니다. 롤로 메이 드림."

카드를 다 읽은 폴 틸리히 교수는 눈물을 펑펑 쏟았습니다. 그리고는 저녁 식사도 거른 채 오랫동안 감동에 젖어 있다가 노트에 이렇게 썼습니다.

"한 사람이 한 사람의 아픔을 알아주는 것도 이렇게 놀라운데, 죄인 된 인류의 아픔을 치유하러 오신 주님의 역사는 얼마나 놀라운 것인가!"

이날 폴 틸리히 교수가 뜨거운 가슴으로 써내려간 책이 그 유명한 "조직신학 2권"입니다. 그 후로 폴 틸리히 교수와 롤로 메이는 둘도 없는 친구가 되었습니다. 롤로 메이는 심리학자로서 틸리히 교수를 도왔고, 틸리히 교수는 신학자로서 롤로 메이를 도왔습니다. 후일 시카고 대학에서 폴 틸리히의 장례식이 치러졌을 때도 롤로 메이가 조사를 낭독했습니다. 롤로 메이가 읽은 눈물의 조사가 수천 명의 조문객들을 울렸음은 물론입니다.

5. 상한 감정의 치유

　인류 역사가 만남을 통해 이어져가듯 한 인간의 역사도 만남을 통하여 이루어집니다. 나의 상처도 만남의 산물이요, 내가 어떤 능력을 수행할 수 있게 된 것도 역시 만남을 통해 개발된 것입니다.

　만남 중에서도 가장 우선 되는 만남은 바로 가족과의 만남입니다. 가족은 오늘의 나를 형성하는 데 결정적인 영향을 미친 요소입니다. 한 가정 안에서 자라며 겪은 좋은 경험이나 아픈 경험은 나를 이해하는 데 없어서는 안 될 중요한 요소입니다.

　나무를 이해하기 위해서는 그 나무가 뿌리를 내리고 있는 토양을 알아야 하고, 그 나무가 성장하면서 겪은 기후를 알아야 합니다. '나'라는 한 그루의 나무가 지금까지 성장해오는데 내 가정의 토양과 기후는 어떤 영향을 끼쳤는지 주의깊게 성찰해보는 일은 아주 중요합니다.

　내가 누구인지를 이해하기 위해서는 나에게 가장 중요한 인물인 아버지와 어머니에 대해 이해할 필요가 있습니다. 아버지와 어머니를 이해하려면 그들에게 가장 중요한 인물인 할아버지 할머니를 아는 것이 중요합니다. 이를 위해 가계에 내려오는 만남의 역사를 기록해볼 것을 제안합니다.

상처의 가계도

친조부모와 아버지의 관계, 그리고 그분들이 당신에게 미친 영향, 외조부모와 어머니의 관계, 그리고 그분들이 당신에게 미친 영향, 부친과 모친의 관계, 그리고 그분들이 당신에게 미친 영향에 대해서 생각해보십시오. 그밖에 당신에게 크게 상처를 입혔던 만남과 용기와 힘을 실어주었던 만남에 대해서도 생각나는 대로 적어보십시오. 다시 말해 당신과 가족, 당신과 다른 사람들과의 '만남의 행로'를 정리해보라는 것입니다. 길게 쓰거나 굳이 잘 쓰려고 노력하지 말고 그냥 생각나는 대로 자연스럽게 쓰시면 됩니다.

"우리 할머니 할아버지는 이러저러한 분으로 여차저차 살아오셨고 마음은 어떤 분이셨다. 그래서 그분들은 나의 아버지에게 이러저러한 정신적 유산을 물려주신 것 같다. 또 외조부모님은 이러저러한 성품을 갖고 계셨고, 나의 어머니에게 이런 성품과 정신적인 유산을 물려주신 것 같다. 그런 배경을 가진 어머니와 아버지가 이러저러하게 만나서 결혼을 하고 나와 우리 형제들을 낳으셨는데, 그분들의 삶의 자세가 나에게 이러저러한 영향을 주었다. 그래서 나는 지금 이러저러한 성격과 상처를 가지고 있다."

이런 식으로 있는 그대로를 솔직하고 자연스럽게 기록해보십시오.

결혼해서 입게 된 상처는 중간에 떠 있는 상처라고 할 수 있습니다. 그러므로 적당한 계기를 만나면 깨끗이 치유될 수 있습니다. 하지만 성장 과정에서 부모에게 입게 된 상처는 뿌리가 대단히 깊어서 뽑아내기가 굉장히 어렵습니다. 많은 시간과 노력이 필요하고 여러 단계의 치유과정도 필요합니다. 그래서 치유받기 위해서는 먼저 자기 자신을 들여다보는 작업이 선행되어야 합니다. 즉 '나는 누구인가, 나는 어떤 사람이며, 현재의 나는 어떤 과정을 통해 형성되어왔는가?'를 점검해

보아야 하는 것입니다. 그런 의미에서 '만남의 행로'를 적어보라는 나의 제안은 하나의 치유 과정이기도 합니다.

상한 감정의 치유

이제 상한 감정의 치유에 대해 말씀드리겠습니다. 상한 감정의 치유도 결국은 좋은 만남의 관계 속에서 이루어집니다. 우리는 얼굴만 보고서는 상대방의 아픔을 알 수 없습니다. 성장 과정에서 어려움을 겪은 사람은 자기 감정을 억누르는 데 익숙하기 때문입니다.

감정이 오랫동안 억눌려 있으면 마음에 벽이 생깁니다. 어머니나 아버지에게 여러 번 거절을 당하게 되면 점점 마음의 벽이 두터워져서 쉽게 마음을 열 수 없게 됩니다. 이런 사람은 결국 다른 사람과 적절히 감정을 주고받지 못하고 자기 얘기만 늘어놓는 사람이 되고 맙니다. 이런 사람의 특징은 자신 안에 들어 있는 감정을 스스로도 잘 모른다는 것입니다.

오랫동안 어려운 시절을 보낸 많은 사람들의 공통적인 특징 중 하나는 감정을 잘 드러내지 않는 것입니다. 상처가 무의식 속으로 깊이 침잠해버렸기 때문인데, 감정이 다시 살아나지 않으면 상담도 불가능합니다. 안타깝게도 우리나라 사람 중에는 감정이 살아나지 않은 사람, 즉 상처를 가진 사람들이 대단히 많습니다. 확률적으로 80, 90퍼센트가량이 그렇습니다.

감정이 죽어버린 사람은 말하거나 행동할 때 생명력이 없습니다. 감정은 상호작용하면서 역사를 일으키는 것인데, 감정이 죽어버린 사람들은 누구와도 감정적인 상호작용을 할 수가 없습니다. 문제는 이런 사실을 본인은 물론 주위 사람들도 모르고 있다는 점입니다. 그래서 치유그룹에 들어가도 무엇이 자신의 문제인지 모릅니다. 언젠가 한 치유그룹에서 이렇게 말하는 사람이 있었습니다.

"치유그룹에 들어가면 뭔가 털어놓아야 되는데, 저는 털어놓을 말이 없어요. 저는 상처받은 것이 전혀 없어서 고민이에요."

"요즘 사는 것이 어떻습니까?"

"바빠서 정신이 없어요."

"얼마나 정신이 없는데요?"

"과로로 3주간이나 입원한 적도 있어요."

자신을 극단적인 과로로 몰아갈 만큼 일중독에 빠진 그의 의식이 바로 그의 병이었는데도 그는 그 사실을 전혀 모르고 있었습니다. 그대로 간다면 그는 곧 쓰러지고 말 것입니다.

그는 어머니의 한숨소리 속에서 성장했습니다. 그의 어머니는 그를 지극히 사랑해주었지만, 자신의 어두운 그림자가 자식에게 전달되고 있다는 사실은 알지 못했습니다.

이제 누군가는 급히 그의 상처를 헤집고 들어가 그를 죽음으로 내몰고 있는 일중독자의 정체를 알려주어야 합니다. 그것만이 그가 살 수 있는 유일한 길입니다. 그러나 아무나 그런 일을 할 수 있는 것은 아닙니다. 잘 훈련된 자, 감정의 이면을 바라볼 줄 아는 사람이라야 완고하게 닫혀 있는 그의 마음 문을 열고, 구부러진 그의 운전자를 밖으로 끌어낼 수 있습니다.

치유상담연구원의 교수 한 사람은 상처입은 영혼들을 위해 매년 3개월 정도 홀로 산에 들어가 묵상과 기도의 시간을 보내곤 합니다. 그분의 기도는 단순합니다.

"내가 주 예수 그리스도를 사랑하나이다. 나의 힘이 되신 여호와여, 내가 주를 사랑하나이다."

집단치유의 3단계

치유상담연구원에는 3단계로 된 집단치유 프로그램이 있습니다. 첫 번째 단계는 신앙적인 냄새를 풍기지 않는 그룹입니다. 신앙적으로 말하기 시작하면 끝이 없습니다. 신앙이라는 말로 접근하면 대부분의 사람들이, "나는 은혜받아서 아무 문제없다"거나 "나는 구원받았기 때문에 아무 문제가 없다", "하나님이 나와 함께하시니 문제가 없다"고 말하면서 자신의 문제를 드러내려 하지 않습니다. 얼마나 많은 사람들이 신앙이라는 옷으로 자신을 감추려드는지 모릅니다.

일단 집단치유 프로그램에 참여하면 지금까지의 체면이나 외면적인 것들은 모두 내려놓아야 합니다. 진행자(교수)가 진행하는 대로 따라가는 것이 좋습니다. 화가 나면 같이 화를 내고 기쁘면 같이 기뻐하는 것입니다. 혹 진행자로부터 해괴하다 싶은 소리를 듣게 될 수도 있습니다. "머리 굴리지 말아!" "놀지 말아!" 등 때로 심한 말을 들을 수도 있습니다. 이런 말은 참석자들이 참아내기 어렵습니다. 하지만 이것은 날카로운 갈고리로 마음속에 숨어 있는 운전사를 드러내는 작업입니다.

우리의 마음은 구정물통과 같습니다. 구정물이 가득한 물통을 오래 놔두면 찌끼가 가라앉아서 그냥 맑은 물처럼 보입니다. 우리의 마음도 마찬가지입니다. 아주 큰 상처가 있어도 오랫동안 환부를 건드리지 않고 가만히 놔두면 아무렇지 않은 것처럼 보입니다. 그러나 조금만 자극이 가해져도 금세 새카맣게 올라오는 구정물처럼 마음속에 가라앉아 있는 우리의 상처도 빌미만 생기면 튕겨나와서 우리의 발목을 붙잡습니다.

1단계는 이렇듯 마음속의 구정물을 흔드는 작업의 단계입니다. 구정물통을 흔들면 온갖 찌꺼기들이 수면 위로 떠오르듯이 이 작업을 통하여 그동안 심층의식 속에 가라앉아 있던 크고 작은 상처들이 의식의 표면으로 떠오르는 것입니다. 이 단계를 통해 자신의 문제가 무엇인지를 볼 수 있습니다. 무엇이 현재 자신을 괴롭히고 있으며, 자신의 무엇 때문에 타인이 괴로움을 당하는지를 알 수 있게 됩니다. 자신의 문제를 객관적으로 들여다보기 시작하는 단계인 것입니다. 6개월 내지 1년 정도의 시차를 두고 진행되는 2단계, 3단계는 1단계에서 수면 위로 떠오른 찌꺼기들을 끄집어내는 작업입니다. 이를테면 조리질 역할입니다.

그러므로 치유그룹에 한 번 다녀왔다고 해서 당장에 천지가 개벽될 줄로 여기지는 마십시오. 오랫동안 살아오면서 쌓인 상처들을 어떻게 일시에 다 치유할 수 있겠습니까? 적어도 2,3년의 과정을 거치면서 서서히 치유되기를 기대하는 것이 좋습니다.

꼭두각시 얌전병

나는 미국에 있을 때 면도칼로 난자당하는 듯한 치유 과정을 여러 차례 경험했습니다. 어린 시절의 상처가 컸던 만큼 마음의 문을 열기가 어려웠기 때문입니다. 나는 일종의 '얌전병'이라는 병을 앓았습니다. 얌전병이란 자신의 감정을 표현하지 못하게 억누르는 운전사에게 지배 당하는 마음의 병입니다. 대체로 무서운 아버지나 어머니 밑에서 자란 사람이 감정을 억누르는 데 익숙해져서 생기는 병입니다. 자기 감정을 자꾸 억누르다보면 사람들에게 이런 칭찬을 듣게 됩니다.

"저 애는 참 착실해."

"저 애는 좋은 애야."

"저 애는 믿을 수 있어."

하지만 그 칭찬들은 이렇게 바뀔 수 있습니다.

"저 애는 언제든지 정신병에 걸릴 수 있어!"

요즘 청소년들 중에 "저 앤 착실해. 말도 없고 얌전하지"라는 얘기를 듣는 아이가 있다면 한번 주의깊게 살펴보시기 바랍니다. 십중팔구 그 아이의 심리상태가 불안정할 것입니다. 이런 아이들은 너무나 오랫동안 감정이 억눌려왔기 때문에 다른 사람이 좋아할 만한 행동을 골라 합니다. 이런 아이는 꼭두각시와 다름없습니다. 그런데도 많은 사람들이 이런 꼭두각시 같은 아이들을 좋아합니다. 그래서 자신의 인생을 살지 못하고 다른 사람에게 보여주기 위해 사는 사람이 많이 생겨납니다. 특히 옛 시대의 며느리들이 그렇게 살다가 죽어가는 예가 많았습니다.

내가 얌전병에 걸려 있을 때의 이야기입니다. 자유분방한 미국인 교수들 눈에 얌전병에 걸린 내가 정상적으로 보일 리 없었습니다. 특히 구체적으로 치유를 담당하는 일선 교수들에게는 더욱 거북한 존재일 수밖에 없었습니다.

클레어런스 발톤 교수는 이런 점에서 내게 또 하나의 아름다운 만남을 깨닫게 해준 은사입니다. 하지만 그와의 첫만남은 상처로 시작되었습니다. 발톤 교수는 치유상담 시간마다 나의 감정을 이끌어내보려고 애를 많이 썼지만 번번이 실패하고 말았습니다. 어느 날 내가 그의 연구실을 찾았을 때 발톤 교수가 정색을 하며 말했습니다.

"태기, 나는 자네를 더 이상 지도할 수 없네. 이론 학문을 공부하든지, 차라리 공부를 그만두고 한국으로 돌아가는 게 어떻겠나?"

폭탄처럼 터져버린 내면의 진실

'학업을 포기하고 한국으로 돌아가라니…'

하늘이 무너지는 것 같았습니다. 심한 배신감에 치를 떨었습니다.

'지금껏 어떻게 해온 공부인데, 제까짓 게 뭔데 어떻게 그런 말을 함부로 할 수 있지?'

지난 6년여의 고생이 허무하게 여겨졌습니다.

"오케이!"

나는 분노에 떨면서 그 교수의 연구실을 뛰쳐나왔습니다. 뛰쳐나오면서 문을 어찌나 세차게 밀쳤던지 폭탄이 터지는 듯한 소리가 났습니다. 놀란 옆방 사람들이 모두 내다보았지만, 그런 데 신경쓸 기분이 아니었습니다.

'이제 모든 것이 물거품이 되고 말았구나! 내 인생은 이제 끝장이야.'

절해고도에 홀로 남겨진 것처럼 막막한 기분이 들었습니다. 완전히 버림받았다는 생각뿐이었습니다. 현기증이 일고 다리가 휘청거렸습니다. 간신히 난간을 붙들고 아래층으로 내려가고 있는데, 등 뒤에서 누군가 다정하게 어깨를 잡는 손길이 있었습니다.

"태기군, 이제 나와 함께 공부할 수 있는 기미가 조금 보이네."

돌아보니 발톤 교수가 부드러운 미소를 지으며 나를 내려다보고 있었습니다. 사실 그는 이미 6개월 전부터 나를 가르치지 않겠다고 말해왔습니다. 그때 나는 "한 학기만 지켜봐주십시오. 그러면 뭔가를 확실히 보여주겠습니다"라며 매달렸습니다. 발톤 교수는 내게 한 학기의 시간을 더 주었고, 그동안 나는 그야말로 필사적으로 공부에 매달렸습니다. 집에서 잠을 자 본 기억이 없을 정도로 도서관에서 지냈습니다.

그리고 오늘 상당히 자신만만한 기분으로 발톤 교수를 찾아왔는데, 그는 나를 보자마자 냉랭한 표정으로 더 이상 가르칠 수 없으니 한국으로 돌아가라는 것입니다. 마침내 나의 분노가 폭발해버렸고, 그를 향해 증오의 이빨을 드러냈습니다. 그런데 그 순간 그가 내게 손을 내밀고 있는 것입니다. 이해할 수 없는 일이었습니다.

'한 학기 동안 내가 얼마나 큰 성의를 보였던가? 내가 얼마나 열심히, 그리고 성실히 공부했는지 그는 누구보다 잘 알고 있다. 그런 그가, 조금 전까지도 나를 가르칠 수 없다고 말하던 그가 깜짝 놀랄 정도로 내가 불손한 반응을 보이자 나를 제자로 받아들이겠다고 한다! 도대체 그의 행동은 무엇을 의미하는 것인가?'

잠시 동안 침묵한 뒤 발톤 교수가 조용히 말했습니다.

"자네, 미국에 뭐 하러 왔지? 상담 기술을 배우러 왔나? 상담 기술이라면 내가 책명을 적어줄 테니 도서관에 가서 그 책들을 읽도록 하게. 아마 다섯 권 정도면 충분할 걸세. 그 책 속에 자네가 원하는 모든 상담 기술들이 다 들어 있을 거야. 그러니 자네가 이곳까지 와서 그렇게 고생할 필요가 없다는 얘기야. 태기 군, 나는 상담 기술을 가르쳐주는 사람이 아니네. 지금까지 나는 자네에게서 진실을 끄집어내보려고 애를 많이 써보았는데 꼼짝도 하지 않더군. 그 대신 계속해서 자네를 건드리는 나를 미워하기 시작했지. 그러면서도 자네는 만날 때마다 내게 미소를 지어보였네. 마음속으로는 주먹질을 해대면서 말이야. 그것은 이중성격일세. 6년 동안 계속해서 겉 다르고 속 다르게 행동하는 사람이 어떻게 다른 사람의 아픔을 치유해줄 수 있겠나? 그런데 오늘, 자네는 비록 부정적이기는 하지만 처음으로 겉과 속이 일치하는 모습을 보여주었네. 이제야 공부할 수 있는 자세가 된 걸세."

6. 신비로운 만남

예수께서 마리아와 마르다 자매가 살고 있는 집을 방문하셨습니다. 마르다가 손님을 대접하기 위해 밖에서 분주히 움직이는 동안 마리아는 얄밉게도 예수님의 발치에 앉아 말씀을 듣고 있었습니다. 마르다는 식사 준비하랴, 손님 접대하랴 몸이 열 개라도 부족할 정도였습니다. 마르다의 마음속에서 울화가 치밀어 올랐습니다.

'나는 이렇게 바빠 죽겠는데, 저 게으름뱅이 마리아는 방안에 죽치고 앉아서 꼼짝도 않고 있다니, 얄미워 죽겠어!'

마르다는 예수님을 향해 이렇게 하소연합니다.

"예수님, 나 혼자서 이렇게 동분서주하는데, 마리아는 꼼짝도 않고 방안에만 앉아 있으니 야단을 쳐서 나를 좀 도와주라고 해주세요."

그러자 예수님이 말했습니다.

"마르다야, 너는 많은 것에 정신을 팔면서 여러 가지를 걱정하고 있구나. 하지만 마리아는 내 말에만 집중하고 있으니 가장 중요한 것을 선택한 것이다."

마음을 하나로

　마음이 여러 갈래로 갈라지고 흩어질수록 정신력과 영적인 힘은 움츠러듭니다. 정신이 여럿으로 갈라져서 판단기능이 마비되는 현상을 의학적으로는 정신분열증이라고 하는데, 이것은 정신이 갈라지고 갈라져서 더 이상 아무것도 할 수 없게 되는 상태를 말합니다.

　당신의 마음은 몇 갈래로 갈라져 있습니까? 당신의 정신은 지금 어떤 상태입니까? 혹시 아이 문제, 남편 문제, 돈 문제로 정신이 산지사방으로 흩어져 있는 것은 아닙니까? 이렇게 질문하면, 그런 걱정 없이 살 수 있는 사람이 몇이나 되겠느냐고 반문할 사람도 있을 것입니다. 맞는 얘기입니다. 세상에 아무 염려 없이 살 수 있는 사람은 없습니다. 그래서 예수님도 마르다에게 염려하지 말라고 말씀하시지 않고 가장 중요한 것에 마음을 모으라고 말씀하셨습니다. 무엇을 먹을까, 무엇을 입을까를 염려하기 전에, 먼저 정신을 하나로 모으라고 말씀하신 것입니다. 정신이 여러 갈래로 갈라지면 하나도 이룰 수 없기 때문입니다.

　아무런 염려도 하지 않고 세상을 살아가는 사람은 없습니다. 하지만 더 중요한 것에 정신을 집중함으로써 헛된 염려를 덜 수는 있습니다. '보다 중요한 것'이란 바로 '예수님'입니다. 예수님과 만나서 하나가 되면 우리 안에 여러 가지 현상과 증거들이 나타납니다.

　가장 두드러진 현상은 죽어도 좋다고 여길 만큼 주님을 사랑하게 된다는 것입니다. 사랑에 빠진 연인이 서로 죽고 못 사는 것처럼 주님을 만나면 주를 향한 사랑이 가슴을 가득 채웁니다. 그래서 예수 믿는 사람은 죽음 앞에서도 여유가 있습니다. 죽음을 두려움의 대상으로 인식하는 것이 아니라 영원한 세계로 향하는 과정으로 여기며, 사랑하는 예수님의 품에 안기는 순간으로 인식하기 때문입니다. 그래서 임종시의 태도를 보면 예수님을 진정으로 영접한 사람인지 아닌지를 알 수 있습니다. 예수님을 진정으로 만나지 못한 사람은 죽는 순간까지 세상에 대한 미련을 버리지 못하고 죽음을 거부합니다. 그들은 한결같이 "내가 왜 죽어야 한단 말인가? 하필이면 왜 나야?" 하면서 죽음을 부정하고, "내가 뭘 그리 잘못했는데, 내 자식들을 다 놔두고, 또 저 재산은 다 어떡하고… 난 아직은 안 돼!" 하며 울부짖습니다.

바울의 세 가지 만남

주님을 만난 사람들에게서 우리는 죽음을 넘어서는 모습, 전인 건강의 모습을 보게 됩니다. 치유목회의 목표는 예수님을 만나는 것입니다. 예수님을 만나 참되고 건강한 삶을 살게 하는 것이고 언제 죽음이 찾아오든 멋지게 맞이할 준비를 하게 하는 것입니다. 고린도후서 5장 17절은 이 목표를 잘 보여주고 있습니다.

"그런즉 누구든지 그리스도 안에 있으면 새로운 피조물이라 이전 것은 지나갔으니 보라 새것이 되었도다."

예수님을 만난 사람은 새로운 피조물로 거듭난 존재입니다. 사도 바울은 자신의 경험을 통하여 이런 고백을 할 수 있었습니다. 새로운 피조물은 철학적으로 '새로운 존재'(New Being)를 의미합니다. 예수님을 만날 때 새로운 존재가 된다는 것입니다. 그러면 새로운 피조물은 어떤 존재를 말합니까? 사도 바울의 삶에서 이에 대한 답을 얻을 수 있습니다. 바울은 세 번의 중요한 만남을 가진 뒤 완전한 새사람으로 거듭났습니다.

첫번째 만남은 예수님과의 만남이었습니다. 화해의 만남이었습니다.

두 번째 만남은 자기 자신과의 만남이었습니다. 이 만남은 하나님과 만나는 순간에 동시적으로 일어나는 만남입니다. 예전에는 마음속에 미움과 두려움과 무서움이 가득 차 있었더라도 예수님을 만나면 용기 있고 담대해지며 사랑이 넘치게 됩니다. 이전에는 진정한 '나'를 몰랐기 때문에 늘 불안하고 두려웠지만, 나의 소중함을 깨닫게 된 지금은 어디서든 용기있고 당당하게 행동할 수 있습니다. 전에는 나보다 나은 사람들 앞에 자신있게 나설 수 없었지만, 이제는 누구에게도 꿀릴 것 없는 하나님의 자녀라는 의식을 갖게 됩니다. 전에는 경직되고 경계하는 눈빛으로 사람들을 만났지만, 이제는 부드럽게 웃는 낯으로 만날 수 있습니다. 한마디로 자신감이 생깁니다. 그래서 건강한 대인관계를 맺을 수 있습니다.

세 번째로 이웃과의 만남이었습니다. 다메섹 도상에서 예수님을 만나 자신이 누구인지 알게 된 바울은 성령 충만하여 이웃을 돌아보게 되었습니다. 그리고 그가 예수의 제자들에게 가졌던 맹렬한 증오심이 다름 아닌 자신에 대한 불만이었음을 깨닫게 되었습니다. 자신도 모르게 병든 마음을 갖고 있었지만 예수님을 만나고 나서는 마음속에 항상 평화와 기쁨이 넘쳤습니다. 전에는 원수처럼 여겨지던 사람들도 이제는 친형제처럼 느껴집니다.

바울은 이 세 번의 만남을 통하여 완전한 새사람이 되었습니다. 새사람이란 구원받고 치유받은 사람을 말합니다. 구원받고 치유받은 자의 증거는 '예수님을 만났는가? 나 자신을 만났는가? 그래서 예수님과 진정한 화해를 이루었는가?' 라는 질문으로 확인할 수 있습니다. 더 나아가 '나는 아직도 열등감에 사로잡혀 있는가?', '나 자신의 문제를 아직도 외부의 탓으로 돌리고 있는가?', '마음의 벽을 헐고 이웃과 만나고 있는가?' 를 점검해보아야 합니다.

우리 안에 있는 하나님 형상

새사람이 갖춰야 할 구체적인 요건은 첫째, 하나님을 만나는 것입니다. 인간은 하나님의 형상을 따라 창조되었기 때문에 동물과 달리 마음속에 신비한 무언가를 지니고 있습니다. 꿈을 연구해보면 이것이 사실이라는 것을 알 수 있습니다.

인간은 꿈을 꾸는 존재입니다. 간혹 꿈을 꾼 적이 없다고 말하는 사람도 있는데, 사실은 꿈을 꿨지만 기억하지 못하는 것뿐입니다. 하지만 매일 꾸는 꿈을 지나치게 확대 해석하는 것은 옳지 못합니다.

하지만 중요한 일을 앞두고 꾸는 꿈은 하나님이 내 안에 주신 하나님의 영, 즉 하나님의 형상이 우리에게 앞으로의 일을 미리 보여주는 것일 수 있습니다. 따라서 꿈을 연구함으로써 우리 안에 있는 하나님의 영을 이해할 수도 있습니다.

우리 안에는 하나님의 형상이 들어 있습니다. 이 형상의 주인공은 당연히 하나님이십니다. 따라서 우리 영의 고향도 이 세상이 아니라 하늘나라입니다. 우리의 영이 간절히 하나님을 앙망하는 것도 이 때문입니다.

시집간 딸이 친정에 가고 싶어하듯이 우리의 영도 하나님께로 가고자 하는 본능이 있습니다. 하지만 근심, 걱정, 염려 같은 것들이 이를 방해합니다. 이를 오래 방치해두면 우리의 영이 영양실조에 걸립니다. 영이 영양실조에 걸리면 정신이 혼미해지고, 정신이 혼미해지면 육체에 병이 찾아옵니다.

믿음에의 욕구

예수를 알든 모르든 모든 인간의 내면에는 하나님을 그리워하고 그분에게로 가고 싶어하는 욕구가 들어 있습니다. 이 욕구를 '믿음에의 욕구'라고 합니다. 믿음을 향한 욕구도 식욕이나 수면욕처럼 굶주리면 영양실조에 걸립니다. 믿음에의 욕구에 굶주린 사람은 힘이 없습니다. 이 욕구를 채우기 위해서 옛날 사람들, 특히 기독교를 모르던 우리 조상들은 자연물을 숭배했습니다.

당산나무 숭배와 바위 숭배, 보름달 숭배 등이 바로 그런 것들입니다. 또 어떤 형상을 만들어 숭배하기도 했습니다. 돌을 깎아 특별한 형상을 만들고, 나무를 깎아 천하대장군을 만드는 등 각종 숭배행위를 통하여 이 욕구를 채우고자 했습니다. 이러한 인간의 본능적 욕구를 조금이나마 다스려준 이들이 무당입니다.

무당 다음으로 우리 민족의 믿음에의 욕구를 채워준 것은 도교(道敎)

입니다. 도교가 널리 퍼지면서 우리 선조들은 도교의 신비적인 방법으로 이 욕구를 해결하고자 했습니다. 우리 선조들은 이것 말고도 믿음에의 욕구를 충족시키기 위해 수많은 방법을 찾아냈습니다. 이렇듯 인간은 어떤 식으로든 이 욕구를 해결하지 못하면 병이 들게 됩니다. 그런 점에서 믿음의 욕구를 채우지 못하여 병든 사람들을 살펴보는 일은 큰 의의가 있습니다.

영적 욕구가 차단된 사회

몇 년 전에 몇몇 지인들과 러시아의 한 산지 마을을 둘러볼 기회가 있었습니다. 잘 알다시피 러시아는 공산혁명 이래 70년 동안 종교 행위가 엄격히 통제되었던 곳입니다. 그런 구(舊) 소련의 공산정권이 결국 전대미문의 경제적 파탄을 초래하면서 역사 속으로 초라하게 사라져버렸습니다.

러시아가 개방된 지 얼마 되지 않았을 때 모스크바를 방문한 우리 일행은 놀라운 사실을 목격했습니다. 물자가 부족하다는 얘기는 익히 들어 알고 있었지만, 실제로 가보니 그 정도가 상상을 초월했습니다. 특히 식량이 대단히 부족했습니다. 마치 모스크바 시내 전체가 굶주린 사람들로 가득 찬 것 같았습니다. 안내인의 말로는 이런 현상이 모스크바뿐 아니라 러시아 전체에 퍼져 있다고 했습니다.

그런데 우리가 도착한 산지 마을에는 놀랍게도 엄청난 곡물들이 들판에서 썩어가고 있었습니다. 현지인들에게 이유를 물으니, 그 곡물들은 잉여 농산물이며 그것을 모스크바까지 운송할 방법이 없어서 그대로 썩히고 있다는 것이었습니다. 기가 막힌 일이었습니다. 러시아 전역에서 수백만 명의 사람들이 허기진 배를 채우기 위해 거리에서 쓰레기통을 뒤지고 있는데, 한편에서는 잉여 농산물이 들판에서 그대로 썩어나가고 있다니 참으로 이해할 수 없는 광경이었습니다.

그러나 현지인들의 말을 듣고 나서는 고개가 끄덕여졌습니다. 그들이 언젠가 수십 대의 트럭에 곡물을 가득 싣고 모스크바를 향해 떠났다가 도중에 강도단을 만나 다 빼앗기고 겨우 도망쳐나왔다고 했습니다.

그후로도 여러 번 관(官)이나 민간에서 곡물 운송을 시도했지만 번번이 실패하고 말았고, 그 와중에 여러 사람이 희생되었습니다. 그 후로는 그 일을 하겠다고 나서는 사람이 아무도 없었습니다. 그런 형편인데 누가 목숨을 걸고 곡물을 내다팔려고 하겠습니까? 모스크바 사람이 다 굶어죽어간다고 해도 앉아서 구경할 도리밖에 없었던 것입니다.

이것이 믿음에의 욕구가 차단된 사회에서 나타나는 병리 현상입니다. 믿음에의 욕구에 굶주린 사람은 양심조차 마비되어 정상적인 감정을 잃게 됩니다. 그들은 이웃의 아픔을 돌아보지 못할 뿐더러, 자기 자신의 아픔조차 돌아보지 못합니다. 이런 사람들이 사는 사회나 국가는 필연적으로 망할 수밖에 없습니다.

믿음에의 욕구는, 계곡의 맑은 물에서 태어난 연어가 바다로 나갔다가 다시 수만 리를 헤엄쳐 돌아와 모천(母川)에서 산란하고 죽어가는 귀소본능과도 같은 것입니다. 영국에서 잡은 새를 미국에 가져가서 날

리자 영국으로 곧장 날아가더라는 이야기나 코끼리가 죽을 때는 반드시 자기가 태어난 곳으로 돌아가서 죽는다는 이야기도 귀소본능과 무관하지 않습니다. 야생의 동물들뿐만 아니라 우리 인간도 본향인 하나님께로 돌아가고자 하는 강렬한 귀소본능을 갖고 있습니다. 때문에 이 귀소본능의 욕구, 즉 믿음에의 욕구가 충족되지 않으면 병이 드는 것입니다.

칼 융의 처방

의사이자 금세기 최고의 심리학자였던 칼 융은 35세 이상의 환자들만을 치료했다고 합니다. 그는 53년 동안 수천 명의 환자를 치료하면서 대부분의 환자들이 믿음에의 욕구에 굶주려서 병이 났다는 사실을 발견했습니다. 융은 이 욕구를 '영적 욕구'라고 부르면서 환자들에게 이 욕구를 강하게 채워줄 수 있는 신앙적인 방법들을 처방해주었습니다. 놀랍게도 이 방법으로 치유된 사람들은 한 사람도 병이 재발되지 않았다고 합니다. 이런 내용이 영국의 BBC방송을 통해 전 유럽에 방송되었을 때 한 기자가 융에게 물었습니다.

"53년 동안 이 방법으로 수천 명을 치료하면서 한 사람도 재발하지 않았다는 것이 믿어지지 않는군요. 그것이 정말 사실인가요?"

"사실입니다. 한 사람의 예외도 없었어요."

융은 자기를 찾아온 정신병자, 성격 파탄자, 히스테리 병자 등을 상대로 여러 가지 실험을 해보았는데, 약물투여 방식으로 병을 치료한 환자들은 6개월 이내에 재발하여 다시 그를 찾아왔지만, 신앙적인 방법을 통해 병이 나은 환자들은 아무도 다시 찾아오지 않았다고 합니다.

백만장자와 주기도문

어느 날 미국의 백만장자 밀톤이 자가용 비행기를 타고 스위스에 있는 융을 찾아왔습니다. 밀톤은 불면증으로 고통받고 있었는데 백방으로 노력해도 효과를 보지 못했습니다. 융은 밀톤에게 모스크바 교외에 있는 한 수도원 원장을 찾아가보라며 소개서를 써주었습니다. 밀톤은 그 즉시 모스크바로 날아가서 그 수도원장을 만났습니다. 다음은 밀톤과 수도원장이 나누었다는 대화의 내용입니다.

"무엇이든 내가 지시하는 대로 하겠습니까?"

"물론입니다."

"그렇다면 주기도문을 3백 번 외우세요."

이튿날에도 수도원장이 말했습니다.

"오늘은 주기도문을 6백 번 외우시오."

다음날도 수도원장의 말은, "오늘은 주기도문을 9백 번 외우시오." 였습니다. 밀톤은 수도원장의 지시대로 날마다 3백 번을 추가하여 주기도문을 외우면서 시간을 보냈습니다.

마침내 주기도문을 6천 번 외워야 하는 날, 밀톤이 막 주기도문을 외우려고 하는데 그의 몸에 갑자기 놀라운 변화가 나타났습니다. 오랜 가뭄 끝에 소나기를 맞은 것처럼 그의 몸에서 알 수 없는 힘이 솟아나고 있었던 것입니다. 그 순간 밀톤은 자신이 완전히 치유되었다는 사실을 깨달았습니다. 그때까지 그곳에서 주기도문을 외우는 외에 어떤 약이나 의학적인 처방을 받지 않았는데도 그의 병이 깨끗이 나아버린 것입니다. 융이 밀톤에게서 영양실조에 걸린 '믿음에의 욕구'를 간파하고 처방을 내렸던 것입니다.

신비에의 욕구

심리학자들은 믿음에의 욕구를 '신비에의 욕구'라고도 부릅니다. 우리 인간은 이 신비에의 욕구가 충족될 때라야 건강하게 살 수 있습니다. 바울은 열렬한 유대교 신자였지만 이 신비에의 욕구를 충족시킬 수 없었습니다. 그러다 다메섹 도상에서 살아계신 예수님을 만나 이 욕구를 충족받은 뒤 아무도 해내지 못한 위대한 일을 해냈습니다. 바울뿐만 아니라 모든 인간은 신비에의 욕구가 올바르게 채워질 때 비로소 진정한 변화를 경험하게 됩니다.

어떤 분야에서든 탁월한 능력을 발휘하는 사람은 자기가 하는 일에 깊이 몰두하는 경향을 갖고 있습니다. 병적으로 일에 몰두하는 것이 아니라 마치 취미를 즐기듯 아주 신나게 일을 합니다. 그런 사람을 보고 우리는 '신바람이 났다'고 말합니다. 믿음도 이왕이면 신바람 나게 믿었으면 좋겠습니다. 신바람이라는 말은 '신'(神)을 만나야 한다는 것입니다. 다시 말해 진정으로 '주님'을 만나자는 말입니다.

우리가 드리는 예배에서도 거룩한 신비에의 욕구가 충족되어야 합니다. 그런데 어떤 목사들은 교인들에게 지식을 넣어주려고 합니다. 어느 목사는 조직신학을 복사해서 교인들에게 나눠준다고 합니다. 하지만 조직신학을 천만 번 읽어도 신바람은 나지 않습니다. 조직신학 서적을 읽으니 교인들에게 성경을 한 장씩 더 읽으라고 권하는 것이 더 낫습니다. 성경이야말로 인류를 변화시킨 책이니까요. 다 같은 책인데 왜 성경을 읽으면 사람이 달라지는 것일까요? 그것은 성경이 거룩한 신비에의 욕구, 즉 믿음에의 욕구를 집중적으로 충족시켜주기 때문입니다.

교회도 신비에의 욕구를 채워주는 곳입니다. 그런데 설교 시간은 물론 기도나 찬송을 할 때에도 신바람이 느껴지지 않는다면 그 교회는 죽은 교회입니다. 교회는 신비에의 욕구를 충족시켜주는 현장이 되어야 합니다.

and whoever lives
and believes in me
will never die.
Do you believe this?
—John 11-26

지금 소속해 있는 교회가 거룩한 신비의 영양분을 충분히 공급해주는 교회인지 아닌지 생각해보십시오. 지난 주일 교회에 가서 거룩한 신비의 영양분을 얼마나 섭취하셨습니까? 설교에서, 찬양에서, 기도에서 신비에의 욕구가 얼마나 충족되셨습니까?

대학자 칼 융이 갈파한 것처럼, 신비에의 욕구를 채우지 못한 인간은 미쳐버릴 수밖에 없습니다. 그런 점에서 교회는 거룩한 신비의 영양분을 공급해주는 보급소가 되어야 합니다. 그런데 이 역할을 하지 못하는 교회들이 너무나 많아서 안타깝습니다.

우리는 하나님이 함께하신다고 생각되는 사람(사실은 그가 그저 보통사람인데도)을 만나게 될 때, 그 앞에서 신비를 느끼게 됩니다. 그것은 우리의 마음속에 하나님의 형상, 즉 영이 들어 있기 때문입니다. 하지만 훈련받지 않으면 올바른 신비를 제대로 분별하지 못하기 때문에 자칫하면 사이비 신비에 빠져서 고통당하기 쉽습니다.

사람들이 사이비 교주나 점쟁이들한테 재산을 몽땅 갖다바치는 것도 영을 분별하지 못하기 때문입니다. 하지만 허위나 속임수로 가짜 신비의 영양분을 주는 이단은 하나님의 형상을 가진 사람들에게 진정한 신비를 채워줄 수 없고, 결국엔 파멸로 이끌어갑니다. 그러므로 교회는 올바른 찬양과 말씀, 기도와 친교로 교인들에게 거룩한 신비의 영양소를 충분히 공급해줄 수 있어야 합니다.

아브라함 머슬로우는 "세계의 역사를 움직인 대부분의 사람들은 믿음에의 욕구, 즉 신비에의 욕구가 충족된 사람들이었다"고 말했습니다. 신비에의 욕구가 올바르게 충족된 사람은 역사의 주인이 될 수 있습니다.

이런 신비가 가장 급속하고 올바르게 채워지는 때는 예수님을 만나는 순간입니다. 바로 이런 이유때문에 예수님을 만난 사람이 폭발적인 자유와 해방감을 맛보는 것입니다.

step 3
하나님 체험을 통한 내면세계 성장

7. 속사람의 성숙을 위한 영적 체험

　교회에 다니는 일가족이 모두 정신착란 증세를 보인 사례가 있습니다. 처음에는 며느리가 두 번째는 남편이, 그리고 마지막으로는 시아버지가 그 뒤를 이었습니다.

　그 가족이 출석하던 교회의 목사님은 이 절망적인 가정을 위해 날마다 눈물로 기도했고 6개월이 흘렀습니다. 어느 날 목사님이 세미나에 참석하느라 잠시 교회를 떠났습니다.

　며칠 후 세미나에서 돌아온 목사님은 기쁜 소식을 듣게 되었습니다. 목사님이 교회를 비운 사이에 그 가족이 모두 치유되었다는 소식이었습니다. 목사님은 자신의 기도가 응답되었다며 뛸 듯이 기뻐했습니다. 하지만 목사님은 그 가족이 무당을 불러 푸닥거리를 한 연후에 병이 나았다는 놀라운 사실을 모르고 기뻐한 것입니다.

죄책감 해결하기

나중에 이 가정의 비밀이 밝혀졌습니다. 그 가정에는 노인성 치매에 걸린 시어머니가 있었습니다. 시어머니의 상태가 갈수록 악화되자 병시중에 지친 가족들이 환자를 돌보는 일에 무관심해졌고, 그러다 시어머니가 굶어 죽었습니다.

장례식을 치르고 나서부터 이 가정에 이상한 일이 일어나기 시작했습니다. 먼저 며느리가 실성했고, 뒤이어 아들이 실성했습니다. 아들과 며느리가 모두 실성한 모습을 보고 충격을 받은 시아버지마저 정신줄을 놓았습니다. 사람들은 이들을 보고 귀신의 저주를 받았다며 수근댔습니다. 그러나 사실은 죄책감이 이 가족의 정신세계를 지배했기 때문에 일어난 심리현상에 불과했습니다.

시어머니의 죽음에 가장 직접적인 관계가 있던 며느리가 죄책감을 견디지 못해 먼저 실성하자 역시 죄책감에 시달리던 아들이 고통을 견디다 못해 미쳐 버렸고, 이것을 보고서 공범의식을 갖고 있었던 시아버지마저 미쳐버렸던 것입니다. 즉, 죄책감에 사로잡혀 있던 가족 모두가 그 죄책감을 피해 하나같이 정신병 속으로 도망쳐버린 것입니다. 그러니 죄책감을 해결하기 전에는 이 가족의 정신병이 치유될 수 없습니다.

무당이 가져다준 심리적 치유

이 가족들을 안타까이 지켜보던 친척들이 목사님이 세미나에 갔다는 소식을 듣고 그 사이에 용하다는 무당을 불러 굿판을 벌였습니다.

불려온 무당은 집안을 한번 휘둘러보더니 대뜸, "이 집에 귀신이 붙었구먼, 귀신이 붙었어. 시어머니 귀신이 붙었어"라고 큰소리를 쳤습니다.

시어머니가 죽고 나서 세 사람이 한꺼번에 실성해버린 집이니 어떤 무당이라도 그렇게 말했을 테지만 극심한 죄책감에 시달리던 이들의 귀에는 실로 영험한 소리가 아닐 수 없었습니다. 이들의 죄책감이 무당의 상투적인 말장난 하나에도 예사롭지 않은 반응을 보이게 한 것입니다.

그날 밤 그 가족은 은밀한 굿판을 벌였습니다. 한동안 춤으로 너스레를 떨던 무당이 한밤중이 되자 시어머니 신을 받았다며 설쳐댑니다. 제일 먼저 며느리에게 달려듭니다.

"너 이년, 나한테 너무했어. 이 죽일 년!"

무당이 눈에 시퍼렇게 불을 켜고 덤벼들자 며느리가 무당의 바짓가랑이를 붙들고 죽어가는 목소리로 어머니 잘못했으니 살려달라고 애원을 합니다. 하지만 이 무당이 며느리의 죄를 알아서 그렇게 행동한 것은 아닙니다. 털어 먼지 안 나는 사람 없다고, 한국의 현실에서 고부간에 문제없는 집 없다는 것을 그간의 경험으로 빤히 아니까 그냥 해본 것 뿐입니다. 그래도 치매에 걸린 시어머니를 방치했다는 죄책감에 시달리는 며느리의 귀에는 꼭 시어머니가 살아온 것처럼 느껴집니다. 그래서 필사적으로 무당에게 매달리면서 잘못을 빌어댑니다.

울며불며 용서를 구하는 며느리를 내려다보면서 무당은 속으로 회심의 미소를 짓습니다. 그리고도 한참을 얼른 후에야 무당은 슬그머니

본색을 드러냅니다.

"이제 북망산으로 떠나야 할 텐데 노자 한푼 없구나…."

며느리가 얼른 가진 것을 다 털어서 무당 손에 쥐어줍니다. 돈을 받아든 무당이 한번 더 너스레를 떱니다. "아이고, 이제 좀 풀리네그려. 잘 있거라 나는 간다. 언제 갈거나, 저 북망산을…" 어쩌고 합니다. 무당이 며느리를 놓아주면 그제서야 며느리의 마음을 옥죄고 있던 죄책감이 느슨해집니다. 시어머니가 자기를 용서해준 것 같은 생각이 드는 것입니다. 며느리의 통곡이 이어지는 가운데 무당은 아들 앞으로 다가갑니다.

"이놈아, 너도 나한테 너무 잘못했어! 내가 너를 어떻게 길렀는데, 계집 말만 듣고 그렇게 나를 괄시해? 이 죽일 놈!"

"아이고 엄니, 잘못했어요…."

이런 식으로 아들도 어머니에게 면죄부를 받습니다. 사자(死者)의 남편도 똑같은 과정을 거칩니다. 그리고 한바탕 귀신놀음에 노자까지 두둑히 챙긴 무당이 덩실덩실 춤을 추면서 작별을 고합니다.

"아이고, 이제야 마음 놓고 저승에 갈 수 있겠네. 나 이제 갈 테니 모두들 잘 있거라…."

이렇게 굿판이 끝나자, 세 사람의 병이 거짓말처럼 나아버렸습니다. 이것을 본 동네 사람들이 그 무당 영험하다고 혀를 내두릅니다.

만일 그 교회 담임목사가 인간 심리의 ABC만 알았더라도 그 가족들이 무당을 불러들이지 않았을 거라고 생각합니다. 가족 중 한 사람이 죽고 나서 남은 가족들이 모두 미쳐버렸다면, 이는 분명히 죽은 사람과 관련이 있는 문제라고 간파할 수 있어야 합니다. 그리하여 문제가 생긴 사람을 깊이 통찰하여 그의 죄책감을 해결해줄 수 있다면 병은 곧 낫게 됩니다.

이 사례를 다시 한번 살펴보면 굿판 속에서 환자들은 그 무당을 통해 신, 즉 죽은 사람을 만나는 것 같은 착각을 갖게 됩니다. 그래서 무당의 입에서 용서해준다는 말을 들을 때 죽은 사람으로부터 직접 죄를 용서받은 것 같은 심리적인 효과를 얻는 것입니다. 곧 죄책감으로부터 해방감을 얻게 됩니다. 하지만 아다시피 무당을 통해 해방감을 느꼈다고 해서 죄로부터 해방되는 것은 아닙니다. 진정한 해방의 치유는 예수 그리스도의 이름으로만 가능합니다.

신비체험

"나이 마흔이면 철 난다"라는 속담이 있습니다. 다시 말해서 나이 마흔이면 뭘 좀 알고 분별할 수 있게 된다는 말입니다. 예수님을 모르는 사람도 나이가 들어가면서 영(靈)이 조금씩 성장해 가기 때문입니다. 그런데 예수님을 만나 거룩한 신비를 체험하는 사람들은 보통사람들보다 영적 성장이 훨씬 빠르게 이루어집니다. 이러한 신비를 체험할 때마다 보통 4년 정도의 영적 성장이 이루어진다고 하니 계속해서 신비를 경험하는 사람은 성장에 가속도가 붙어서 높은 수준에까지 영적인 성장을 이룰 수 있게 됩니다.

반면에 신비를 체험하지 못하는 사람은 언제나 제자리 신앙에 머물러 있게 됩니다. 같은 신앙인이면서도 신앙의 깊이가 다 다른 것은 이

때문입니다. 수십 년 동안 신앙생활을 해도 그저그런 사람이 있는가 하면, 교회 다닌 지 불과 몇 개월 만에 뜨겁게 성령을 체험하고 변화되는 사람도 있습니다. 먼저 된 자로서 나중 되고 나중 된 자로서 먼저 되는 자가 많은 것입니다.

비슷한 시기에 신앙생활을 시작한 두 사람이 있었습니다. 한 사람은 보통사람들처럼 신앙생활을 하는데 비해 다른 한 사람은 성령의 신비를 체험한 후 날로 성장해가는 신앙생활을 했습니다. 60년이 흐른 뒤 두 사람을 비교해본다면 어떨까요? 엄청난 차이가 나게 될 것입니다. 전자는 60년 전 신앙생활을 처음 할 때와 별반 달라질 게 없지만, 후자는 신앙적으로 몇 천 년 이상의 성장을 이룰 수 있습니다.

영적인 성장과 그 성숙도는 이처럼 어떻게 신앙생활을 하느냐에 따라 달라집니다. 우리는 이 영적인 성숙도만큼 힘을 갖게 됩니다. 영적으로 성숙한 사람은 무엇을 하든지 놀라운 힘을 발휘합니다. 사업을 하든 공부를 하든 정치를 하든 뭘 하든지 간에 엄청난 역사를 이루어 갈 수 있습니다. 하는 일에 가속도가 붙는 까닭입니다.

그것은 노동자가 일생 동안 기계에 매달려서 배울 수 있는 것을 공과대학에 가서 불과 4년 동안에 다 배울 수 있는 거와 같은 이치입니다. 거룩한 신비의 체험, 은혜의 체험, 거듭남의 체험도 마찬가지입니다. 이런 체험을 통해서 신자는 다른 사람이 일생 동안 경험하지 못하는 신앙적인 성숙을 불과 몇 년 만에 이루어 갈 수 있습니다.

분열된 자아의 통일

거룩한 신비의 체험이나 거듭남의 체험은 분열된 자아를 통일시켜 줍니다. 사람의 기능이 떨어지는 것은 정신이 여러 갈래로 분열되기 때문입니다. 정신이 두 개로 갈라지면 기능은 2분의 1로, 여덟 개로 갈라지면 8분의 1로 저하되는 식입니다. 하지만 여러 갈래로 분열된 자아라도 거룩한 신비의 체험, 거듭남의 체험을 하게 되면 하나로 모아지는 역사가 일어납니다. 자아가 하나로 통일되면 마음이 청결해집니다. 마음이 청결한 자는 하나님을 볼 수 있습니다.

거룩한 신비와 거듭남의 체험을 통해 분열된 자아가 통일되는 경험을 한 사람은 지나온 삶을 회개하는 고백을 하게 됩니다. 정신이 산만하고 분열되어 있을 때는 볼 수 없었던 귀하고 황홀한 세계를 보기 때문입니다. 정신이 산만했을 때는 숨어 있던 창의력이 정신합일이 이루어진 다음에는 기적같이 살아납니다.

두 눈이 성했을 때는 빛을 발하지 못했던 작가 존 밀턴이 실명한 지 3년 후에 놀라운 체험을 하고 나서 불후의 명작 "실락원"을 쓸 수 있었던 일이며, 선교에 대한 열정은 강했으나 약한 능력 때문에 갈등을 겪던 웨슬리가 어느 날 저녁 로마서를 읽다가 뜨거운 체험을 한 뒤로 세계를 변화시킨 놀라운 능력을 갖게 된 것도 마음과 정신, 자아가 하나로 모아지는 데서 오는 힘 때문이었습니다. 흩어진 정신과 자아를 가장 강도(强度) 높게 통일시켜 주는 것은 주님이 함께하심을 알게 되는 신비체험입니다.

거룩한 신비의 체험은 분열된 자아의 통일을 가져오며 삶의 방향을 바꾸어줍니다. 고린도후서 3장 16절은 "그러나 언제든지 주께로 돌아가면 그 (마음을 가리고 있는) 수건이 벗어지리라"고 말하고 있습니다. '수건이 벗어진다' 는 의미는 '새로운 것을 보게 된다' 는 말입니다. 정신이 통일되면 새로운 눈(영안)이 뜨여서 평소 생각할 수 없는 방법으로 문제와 갈등을 해결할 수 있게 됩니다.

존 뉴턴의 변화

수많은 사람들이 신비 체험을 하고 나서 삶의 방향을 180도로 바꾸는 역사가 일어났습니다. 찬송가 405장(나같은 죄인 살리신)의 작사가로 유명한 존 뉴턴도 그런 사람 중 하나입니다. 그는 원래 아프리카 사람들을 붙잡아다가 노예로 팔아먹던 추악한 노예상인이었습니다. 열다섯 살에 홀어머니를 남겨 두고 집을 뛰쳐나온 그는 오랫동안 험하고 악한 삶을 살았습니다. 그런 그가 흑인 노예를 싣고 아메리카로 항해하는 도중에 꿈 속에서 어머니의 기도소리를 들었습니다. 어머니의 기도소리가 그의 양심에 파도처럼 부딪쳐 왔습니다. 이 신비한 체험은 어느 날 풍랑에 휩싸인 그의 배가 밤새워 파도에 떠밀리다가 기적처럼 해변에 닿았을 때 일어났습니다.

보잘것없는 학력으로 노예 무역선 선장을 지내다 찬송가의 작시자가 된 존 뉴턴의 이야기는 전구라파의 반기독지식인들을 주님 앞으로 돌아오게 하는 위력을 발휘했습니다. 그리고 그들에 의해 노예해방운동이 시작되었고, 미국에서 그 열매를 맺었습니다. 해변가에서의 신비 체험은 뉴톤의 인생방향을 바꾸었을 뿐만 아니라 전(全) 유럽의 지성을 바꾸어 놓았던 것입니다.

사형수 도모다까 시모지

일본의 저명한 교육자이자 사회사업가였던 도모다까 시모지는 한때 사형수였습니다. 사형수이던 그가 예수님을 만난 곳은 북해도 탄광촌이었습니다. 당시에는 혹독한 환경의 북해도 탄광으로 일하러 가려는 사람이 거의 없었기 때문에 일본정부는 사형수들에게 일을 시키면서 그곳에서 일하는 동안만큼은 사형집행 기간을 연기해주었습니다. 그렇게 해서 수천 명의 사형수들이 북해도 탄광에서 일하게 되었는데, 시모지는 그곳에서도 악질로 통했습니다.

이 사형수 촌에도 토요일이면 면회 오는 사람들이 줄을 이었으나 시모지에게는 면회 오는 사람도 없었습니다. 그런데 어느 날, 숙소에 누워 있는 시모지에게 면회를 신청한 사람이 나타났습니다. 찾아온 사람이 누군지 의아해하며 면회실에 들어선 시모지의 눈에 호호백발의 노파가 앉아 있었습니다. 몹시 굽은 허리 때문에 지팡이에 기대지 않고는 앉아 있는 것도 힘들어보이는 노파는 바로 그의 어머니였습니다.

그의 집은 북해도에서는 3천 리나 떨어져 있는 일본 최남단의 작은 섬이었습니다. 그곳에 혈육이라곤 팔순 노령의 어머니뿐이었습니다. 마땅한 교통편이 없었던 시절인지라 시모지는 늙은 어머니가 그곳까지 찾아오리라고는 꿈에도 생각지 못했습니다. 그런데도 시모지는 무엇 하러 이곳까지 찾아왔느냐며 늙은 어머니를 타박했습니다. 무정한 아들에게 노모는 말 없이 보따리 하나를 내밀었습니다.

"그래, 곧 돌아가마. 그러니 이것이나 받으렴."

숙소로 돌아온 시모지가 보따리를 풀어보니 그 안에 성경책이 들어 있었습니다.

'그 사이 어머니가 예수쟁이가 된 모양이군.'

시모지는 쓴웃음을 지으며 성경책 보따리를 한쪽으로 밀어놓았습니다. 며칠이 지나는 동안 성경책은 동료들의 담배말이 종이로 많이 뜯겨나갔습니다. 그것을 보는 시모지의 마음이 조금씩 흔들리기 시작했습니다.

'그래도 어머니가 가져다준 책인데, 이런 식으로 버려서는 안 되지 않아? 도대체 무슨 책이기에 어머니가 그 먼 곳에서 이곳까지 들고 온 거지? 한번 읽어나 볼까?'

시모지는 그때부터 성경책을 읽기 시작했습니다. 그런데 이상하게도 성경책에서 눈을 뗄 수가 없었습니다. 마치 자석에라도 끌리듯 성경책을 읽고 또 읽었습니다. 나중에는 성경책을 품에 넣고 다니면서 어디서든 틈만 나면 꺼내 읽곤 했습니다. 휴식시간에도 읽고, 점심시간에도 읽고, 숙소에서도 읽고, 심지어는 갱 속에서도 읽었습니다.

그러던 어느 날, 잠시 쉬는 시간에 성경을 읽기 위해 옆 갱도에 가 있던 시모지의 귀에 요란한 폭발음이 들려왔습니다. 잠시 전까지 자신이 일하고 있던 갱도가 무너져내린 소리였습니다. 그곳에 있던 37명의 동료들 모두 목숨을 잃었습니다. 시모지는 동료의 시신을 붙들고 울부짖으면서도 하나님이 자신을 살려주셨다는 사실을 알 수 있었습니다.

이후 시모지는 모범수로 출소하여 평생 동안 청소년을 위한 사회사업에 헌신하면서 기독교인으로서 훌륭한 모범을 보여주었습니다. 그는 77세로 세상을 마칠 때까지 중·고등학교 6개와 고아원 6개를 세웠으며, 일본교육자 대상, 사회사업 대상을 받았습니다.

자유케 하는 진리

신비체험을 한 사람은 하나님의 뜻에 자신을 맡기고 자유하는 은총을 체험합니다. 반면에 이런 경험을 하지 못한 사람은 자신도 모르게 하나님을 심부름꾼으로 부리려 합니다. 그래서 기도할 때도, "하나님, 내가 …를 위해 기도하오니 반드시 이루어주옵소서!"라는 식으로 합니다. 때로는 하나님을 협박할 때도 있습니다.

"이거 안 들어주면 하나님이 손해보는 겁니다!"

어디까지나 내 기도에, 내 아우성에 하나님이 따라와야 한다는 식입니다. 자기 마음대로 주님을 이리저리 끌고다니려 합니다. 하지만 하나님이 나와 함께하신다는 확신이 있는 사람은 이렇게 고백합니다.

"주님이 알아서 하세요. 저는 주님의 것이니까요. 이 일이 성취되어도 좋고 실패해도 좋습니다. 나를 주님의 도구로만 사용해 주세요."라고 전적으로 하나님을 의뢰하는 기도를 하게 됩니다. 그리고는 하나님 안에서 진정한 자유를 누립니다.

마음에 자유가 있는 사람은 엄청난 능력과 역사를 경험합니다. 이런 사람은 무슨 일을 할 때 아무리 어려운 일을 만나도 실망하지 않고, "주여, 나는 아무것도 아니며 빈손이오니 나를 도구로 써주옵소서"라고 기도합니다. 로마서 6장 13절은 우리에게, "…너희 지체를 의(義)의 병기로 하나님께 드리라"고 권면합니다. 영어성경은 이 '병기'를 'instrument' 라고 표기하는데, 현대 영어에서는 이 단어를 병기보다는 '악기' 라는 개념으로 널리 사용하고 있습니다. 그런 점에서 우리는 이 구절을 "…너의 지체를 의의 악기로 하나님께 드리라"고 재해석할 수 있습니다. 그런데도 우리는 자주 우리의 지체를 하나님께 악기로 드리지 않고 대신에 "하나님, 제 스스로 이 악기를 잘 연주하도록 제 손을 붙들어주소서"라고 기도합니다. 그러나 참된 신자는 언제 어느 때나 "주님께서 제 몸을 악기로 연주해주세요"라고 기도합니다.

두 바이올리니스트

1950년 크리스마스 이브에 헝가리 부다페스트의 뒷골목에서 한 늙은 걸인이 바이올린을 켜며 구걸을 하고 있었습니다. 오랜 시간 바이올린을 켰지만 노인의 모자에는 달랑 동전 몇 개가 들어 있을 뿐이었습니다. 이때 그곳을 지나던 중년의 한 신사가 노인의 바이올린을 받아들고 연주를 시작했습니다. 삽시간에 많은 사람들이 몰려들어 신사의 매혹적인 바이올린 선율을 감상했습니다. 얼마 안 가서 늙은 걸인의 모자는 넘칠만큼 돈으로 가득 찼습니다. 그러자 그 중년신사가 걸인에게 바이올린을 되돌려주고 골목 안으로 총총히 사라졌습니다. 중년신사는 바이올린의 거장 파가니니였습니다.

똑같은 바이올린을 갖고도 연주자에 따라서 결과는 이처럼 판이하게 나타납니다. 교회생활도 마찬가지입니다. 목회자도 신도도 자기라는 악기를 스스로 연주하려 들면 아름다운 소리가 나지 않습니다.

소음에 감동하는 사람은 없습니다. 많은 독서량을 자랑하려는 듯 책에서 읽은 내용을 설교시간에 장황하게 늘어놓는 목회자들도 많은데, 사실 인간의 소리에 불과합니다. 목회자가 자신을 전적으로 주님께 맡길 때만이 주님의 소리, 신비(하늘)의 소리를 낼 수 있습니다.

다메섹 도상의 만남

사도 바울의 인생도 다메섹 도상에서 예수님을 만난 뒤 완전히 바뀌었습니다. 그날 이후 그는 전적으로 예수께 자신을 내맡겼고, 아무도 이루지 못한 위대한 역사를 이루어 냈습니다. 우리에게도 사도 바울과 같은 다메섹 도상의 만남이 찾아옵니다.

나는 어떤 다메섹 도상의 만남을 통해 지금 이 자리에 서 있게 되었을까를 한번 생각해보시기 바랍니다. 이런 경험 없이 신앙의 성장을 기대할 수는 없습니다. 어떤 영적 체험 때문에 신앙이 성장했는지 정확히 분석할 수 있을 때 비로소 자신의 정체성도 깨닫게 됩니다.

나의 다메섹 도상의 만남은 소록도에서 일어났습니다. 많은 사람들이 그렇듯, 나도 한때 심각한 신앙의 위기를 경험한 적이 있습니다. 기도가 막히고 만사가 짜증스러웠습니다. 마음속에 절박한 위기감 같은 것이 똬리를 틀기 시작했습니다. 다급해진 나는 산으로, 기도원으로 헤매고 다녔습니다. 그래도 마음은 더욱 답답해지기만 했습니다. 그러다가 어느 날 훌쩍 소록도를 향해 길을 떠났습니다. 아마 그때 나는 그곳이 세상의 끝, 지상과 지옥의 중간지대쯤으로 생각했었나봅니다.

'그런 곳에도 소위 희망이란 게 남아 있을까? 그런 곳에 사는 사람도

뭔가 살아야 할 이유 같은 걸 갖고 있을까?'

그 섬이 궁금하기도 했고, 그곳에서 어떤 희망을 발견하고도 싶었습니다. 어쩌면 불행한 자가 자기보다 더 불행한 자를 바라보면서 느끼는 슬프고도 교만한 위안을 받고 싶었는지도 모르겠습니다.

소록도에 도착한 나는 가까운 교회에 들어갔습니다. 마침 수요 낮기도회 시간이어서 막 통성기도가 시작되고 있었습니다. 나도 그들 사이에 끼어 기도해보려고 했으나 입술만 타들어갈 뿐 기도가 나오지 않았습니다. 그때 뒷사람의 기도소리가 귓속을 파고들었습니다. 그 기도소리는 잠든 내 영혼을 흔들어 깨우고 메마른 내 가슴을 후려치기에 충분할 만큼 간절했습니다.

"하나님, 제게 주신 은혜가 어찌 이리 크신지요? 어찌하면 이런 주님의 은혜를 조금이라도 갚을 길이 있겠는지요? …어찌하면 이 크나큰 은혜를 갚을 수 있단 말입니까?"

기도소리의 주인공이 누군지 너무나 궁금했습니다.

'도대체 어떤 사람이기에 이 저주받은 섬에서 저렇게 특별한 주님의 은총을 누리며 살고 있단 말인가? 그에게 하나님의 은총이 얼마나 크고 놀라운 것이기에 저토록 절절한 감사의 기도를 드릴 수 있단 말인가? 도대체 어떤 사람이기에…'

아마 섬을 찾아온 돈 많은 기부자이거나 천사 같은 마음을 가진 의사가 아닐까 싶었습니다. 도대체 어떤 사람일까? 너무나 궁금해진 나는 기도를 포기하고 결국 뒤를 돌아다보았습니다.

아, 거기에는 이것이 진정 사람의 모습인가 싶을 정도로 흉측한 몰골을 한 문둥이 노인이 앉아 있었습니다! 얼마나 심하게 나병을 앓았던지 노인의 얼굴은 형태를 알아볼 수 없을 정도로 짓뭉개져 있었습니다. 머리카락 한 올 남지 않은 머리하며 해골처럼 움푹 파인 코, 위아래가 붙어버린 눈…. 그 눈에서 하염없이 눈물이 흐르고 있었습니다. 저 노인이 그 기도소리의 주인공이란 말인가! 도저히 믿어지지 않았습니다.

오직 예수밖에 없는 사람

노인은 내가 쳐다보는 줄도 모르고 손가락이 다 떨어져나간 주먹으로 연신 흐르는 땀을 훔쳐가며 하나님께 감사의 기도를 올리고 있었습니다. 순간 가슴 밑바닥에서부터 무엇인가 뜨거운 것이 치밀어오르면서 통곡이 터져나왔습니다. 피를 토할 것 같은 통곡이었습니다. 도저히 멈출 수가 없었습니다. 나는 상처입은 한 마리 들짐승처럼 큰소리로 울부짖으며 회개의 기도를 드렸습니다.

기도를 끝내고 눈을 뜨자, 노인이 나를 걱정스럽게 지켜보고 있었습니다. 노인은 이제 안심했다는 듯 앉은뱅이 걸음으로 교회를 빠져나갔습니다. 나는 급히 뒤따라 나가서 노인에게 물었습니다.

"할아버지, 뭐가 그렇게 고마우신 겁니까? 무슨 은혜를 그리 많이 받으셔서 그런 기도를 드리시는 거예요?"

내 질문에 노인은 한참 생각에 잠기는 것 같았습니다.

"내가 문둥병에 걸리자 세상도 피붙이도 다 나를 버렸지. 친구들도 다 떠나버렸고. 그런데 말이야, 이런 나를 버리지 않고 이 소록도까지 따라와 준 분이 계셨어. 그분이 내게 기쁨과 소망을 주셨지."

"할머니가 따라오셨군요?"

내 말에 노인이 고개를 저으며 말했습니다.

"아니야, 예수님이 따라오셨어."

또 한 번 강하게 뒤통수를 얻어맞은 것 같았습니다. 그리고 그 순간, 예수님의 위대함이 실감되었습니다. 그날부터 나는 두 평도 안 되는 노인의 좁은 방에서 일주일을 같이 지내며 노인을 통해 새로운 세계를 발견했습니다. 낫 놓고 기역자도 모르고, 아는 것이라곤 오직 예수밖에 없는 늙은 문둥이 노인에게서 날마다 놀라운 신비를 체험한 것입니다.

8. 영적 체험에서 오는 치유

언젠가 몸이 몹시 좋지 않았을 때 제자들의 권유로 대부도 근처의 한 포도밭에 간 적이 있습니다. 포도를 먹는 내 모습을 물끄러미 바라보던 늙은 포도밭 주인이 말했습니다.

"나보다 두세 살은 위인 것 같아보이는데, 이 먼 포도밭까지 오신 걸 보니 정정하십니다그려."

그래서 내가 포도밭 주인에게 물었습니다.

"주인장께서는 올해 춘추가 어떻게 되시는데요?"

"올해로 예순 여덟이외다."

그때 나는 아직은 팔팔한 50대였습니다. 포도밭 주인의 이야기는 충격적이었지만 그때 내 얼굴이 그렇게 보였으리라고 인정할 만한 근거는 많았습니다. 당시 나는 너무나 지치고 우울한 상태였습니다. 그 포도밭 주인이 좀 과장되게 말했다고 쳐도, 아마 나이보다 10년은 족히 늙어보이는 얼굴을 하고 있었음에 틀림없습니다. 너무나 정직하게 내

부의 사정을 반영하는 마음의 창이 바로 얼굴이니까요.

물리학이 입증한 신비의 힘

시카고 맥코믹 신학대학원에 교환교수로 가 있을 때의 일입니다. 하루는 유학시절 함께 공부했던 미국 친구로부터 자기 교회에서 설교를 해달라는 부탁을 받았습니다. 그 친구는 학교를 졸업한 뒤 150년 역사에 교인 70명인 유서 깊은 교회에 부임하여 3년 만에 교인수 900명의 상당히 큰 규모로 교회를 성장시킨 목회자였습니다.

약속된 날 친구의 교회로 찾아간 나의 눈에 한 남자의 청소하는 모습이 눈에 띄었습니다. 그런데 그 사람의 태도가 어찌나 특이한지 절로 미소가 지어졌습니다. 40대로 보이는 그 남자는 무엇이 그리 좋은지 혼자 청소를 하면서도 춤을 추듯 걸레질을 하고 있었습니다. 걸레와 함께 돌아가는 그의 몸이 어찌 그리 유연해보이던지…. 그는 찬송곡에 맞춰서 걸레질을 하고 있었는데, 얼마나 열중해 있었는지 내가 가까이 다가가는 것도 모르고 있었습니다. 나는 속으로 '이 교회는 참 좋은 사찰을 두었구나' 하고 생각했습니다.

설교를 마치고 교회를 나오다가 다시 그 40대 남자를 만났습니다. 그는 이번에는 유리에 붙은 먼지를 털어내고 있었습니다. 대부분 총채 하나를 들고 먼지를 터는 게 보통인데, 그는 양손에 총채를 들고 춤을 추듯 먼지를 털어내고 있었습니다. 어찌나 열심히 먼지를 터는지 얼굴이 땀으로 번들거렸습니다.

'저 사람은 뭐가 그리 좋아서 하루종일 청소를 하면서도 저렇듯 신

이 나 있는 것일까?'

그런 내 표정을 읽었는지 친구가 그를 가리키며 물었습니다.

"정 교수, 바우서 박사를 알아보겠어?"

"저 사람이 박사? 사찰이 아니고?"

"그래, 바우서 박사라네. 바우서 박사는 우리 시카고 주민들이 가장 존경하는 세 사람 가운데 한 분인데 노벨 물리학상 수상자이지. 그는 대학총장을 지내면서 40년간 우리 교회의 장로로 봉직하셨다네. 지금은 은퇴하셨지만."

나는 입이 다물어지지 않았습니다. 그가 그렇게 대단한 사람이라는 사실도 놀라웠지만, 40대로만 보이는 그가 40년 동안 장로를 지냈다는 사실이 더욱 놀라웠던 것입니다.

'그렇다고 열 살도 안 되어 장로가 되었다는 말은 아닐 테고…'

이런 내 생각을 눈치챘는지 친구가 환하게 웃으며 우리를 향해 걸어오는 바우서 박사를 가리키며 장난스레 물었습니다.

"장로님 연세가 얼마나 되셨는지 한번 맞춰볼 테야?"

땀으로 범벅이 된 채 함박웃음을 짓고 있는 박사의 얼굴이 햇빛을 받아 다이아몬드처럼 반짝였습니다. 나도 부전공이 관상이냐는 소리를 들을 정도로 사람을 제대로 본다고 자부하는 사람입니다.

"마흔다섯에서 마흔일곱? 아무튼 40대 후반 이상은 아닐 거 같은데?"

나는 자신 있게 대답했습니다. 보기에 그 이상이라고는 도저히 생각할 수 없었습니다.

"이를 어쩌지? 바우서 장로님은 올해 여든하나신데."

친구는 재미있다는 듯 웃었지만 나는 무척 놀랐습니다. 80대 노인네가 어떻게 저리 젊어보인단 말인가! 나는 바우서 장로가 간직하고 있는 젊음의 비결이 무엇인지 알고 싶어졌습니다.

"장로님, 오늘 시간 있으십니까? 제가 오늘 시카고로 돌아가지 않고 이곳에 머물면서 장로님과 얘기를 좀 하고 싶은데, 제 초대에 응해주시겠습니까?"

"그럼요. 기쁘게 응하겠습니다."

물리학 동전

그날 밤 바우서 박사와 내가 나눈 대화의 내용입니다.

"장로님은 마흔한 살 때부터 교회 청소를 해오셨다고 들었는데, 무엇이 장로님으로 하여금 40년 동안 신명나게 교회 청소를 하게 만들었습니까?"

"내 마음 안에 있는, 내가 만난 예수님이 그렇게 만들었지요. 나는 마흔 살에 예수님을 만나는 체험을 했답니다."

그래서 또 물었습니다.

"노벨 물리학상은 어떻게 해서 받으셨습니까?"

"내가 만난 예수님이 그리 해주셨지요. 그런데 나는 노벨상 얘기만 나오면 죄책감이 든답니다."

죄책감이라는 말에 저으기 놀라며 왜 그런 생각을 갖게 됐느냐고 묻자 그가 "열심히 연구해서 노벨상을 받았어야 하는데, 그냥 어쩌다가 노벨상을 받게 됐기 때문이지요."라고 대답했습니다.

"무슨 말씀이신지요?"

"이런 걸 상상해볼 수 있겠어요? 내가 어느 날 물리학을 연구하는 사람들만 노는 세계에 갔다가 물리학 이론이 씌어진 커다란 동전이 바닥에 떨어져 있는 것을 발견했고, 그래서 그 동전을 집어들고 '여기 이런 것이 떨어져 있다'고 외쳤더니 노벨상을 주었다고요. 그래서 부끄럽다는 거지요. 그런데 지금도 이상한 것은 다른 사람들이 수십 년씩 그곳을 다녀도 보이지 않던 동전이 내 눈에는 왜 그렇게 훤히 보였느냐는 겁니다."

바우서 박사는 물론 단순히 생물학적인 눈을 말하고 있지 않았습니다. 우리의 생물학적인 눈은 시장에서 파는 생선의 눈과 다름없는 기능적 한계를 가지고 있습니다. 그것은 시간과 공간의 제약을 받기 때문에 감아버리면 아무것도 볼 수 없게 됩니다. 하지만 바우서 박사는 하나님의 창조물인 우리 안에 들어 있는 하나님의 형상, 즉 영(靈)의 눈에 대해서 말하고 있는 것입니다.

바우서 박사의 말대로 인간은 하나님의 형상, 즉 육체와는 다른 영을 마음속에 지니고 살아가는 존재입니다. 이 영도 육신처럼 눈을 가지고 있습니다. 이 영의 눈은 시간과 공간의 제약을 받지 않기 때문에 육신의 눈이 보지 못하는 세계를 볼 수 있습니다. 그래서 그는 다른 물리학자들이 수십 년을 연구해도 볼 수 없었던 물리학 동전을 솥뚜껑만큼 크게 볼 수 있었던 것입니다. 바우서 박사 말고도 노벨상을 탄 많은 사람들이 이런 동전을 주웠습니다. 그러니 이왕에 예수님을 믿었으면 영의 눈을 뜨는 신자가 되어야 하고, 그러기 위해서는 반드시 예수님을 만나야 합니다. 예수님을 만나는 신비를 체험하게 되면 영의 눈이 떠져서 이전에는 전혀 보이지 않던 세계가 훤히 보입니다.

예수 건강법

나는 화제를 바우서 박사의 건강 쪽으로 돌렸습니다.

"건강을 유지하기 위해 특별히 하시는 운동이 따로 있으십니까? 음식은 주로 어떤 것을 드십니까? 어떻게 지금까지 그런 젊음을 유지하고 계시는 겁니까?"

사실 몸이 약한 내게 이 질문은 상당히 의미가 있는 것이었습니다. 원래 나이의 반도 안 되어 보이는 박사의 건강비결을 꼭 알고 싶었던 것이 나의 솔직한 심정이었습니다. 그러나 박사의 대답은 상당히 실망스러운 것이었습니다.

"내가 만난 예수께서 건강을 유지시켜 주신답니다."

"아 예, 예수님이 보호하고 돌보아주신다는 얘기는 잘 알겠는데요, 그것 말고 무슨 운동 같은 것은 안 하십니까?"

"운동이라면 매일 집에서 15분 정도 걸리는 교회까지 걸어와서 두 시간 정도 청소하고 다시 걸어서 집으로 돌아가는 것이 전부입니다. 그리고 음식은 아침에 빵 두 조각, 점심에 오트밀 한 그릇, 저녁에는 아무거나 조금씩 먹습니다."

아무리 들어도 별다른 건강법이 나올 것 같지 않았습니다. 박사의 말대로, 예수님이 건강을 지켜준 것이 아니라면 저런 건강이 유지될 수 없겠구나 하는 생각이 들었습니다. 내가 만일 바우서 박사처럼 섭생을 한다면 한 달도 못 가서 영양실조로 쓰러져버릴 것입니다. 그런데 박사는 그런 음식을 먹고도 80대 나이에 소년 같은 얼굴과 건강을 유지하고 있으니 놀라울 뿐이었습니다.

세포의 변화

예수님을 만난 사람에게서 가장 먼저 발견할 수 있는 것은 바로 얼굴의 변화입니다. 얼굴만 봐도 그가 예수님을 만났는지 못 만났는지를 알 수 있습니다. 스스로 예수를 만났노라고 주장하는 사람도 얼굴을 보면 아닌 경우가 많습니다.

전도사 시절에 경험한 일화입니다. 나와 함께 심방을 다니던 권사님은 즉시즉시 그때의 기분이나 상황을 잘 드러내는 얼굴을 하고 계셨습니다. 기분이 좋으면 금방 얼굴이 환해지고, 기분이 나쁘면 금세 얼굴에 구름이 끼었습니다. 그래서 권사님 얼굴이 환하게 밝아지면, "권사님, 예수님 들어오셨네" 하고, 권사님 얼굴이 어두워지면, "권사님, 오늘은 예수님이 나가셨네요"라고 농담을 했습니다. 그때마다 순진한 권사님은 깜짝 놀라는 표정으로, "우리 전도사님은 너무 영험해…" 하면서 감탄하곤 했습니다. 하지만 아무리 흉악하게 생긴 사람도 예수님이 마음에 들어오시면 얼굴이 순해지고 밝아집니다.

영적 신비를 체험하는 순간 우리의 몸 안에서는 엄청난 세포의 혁명이 일어납니다. 우리 몸은 수백억 개의 원자들로 구성되어 있습니다. 원자 가운데에는 핵이 있고, 바깥쪽에는 전자들이 상호 유기적으로 끊임없이 빙글빙글 돌면서 생명의 에너지를 발산합니다. 절망적인 사람, 불안한 사람, 근심 걱정에 쌓인 사람의 전자 회전 속도는 아주 느린데 겨우 몸을 움직일 정도의 전자 회전수는 일정시간에 약 50회 정도 된다고 합니다. 건강한 사람의 회전수는 물론 그보다 훨씬 빠릅니다.

가령 평소 전자 회전수가 50회전이던 사람이 갑자기 충격을 받아서 회전수가 뚝 떨어진다고 생각해보십시오. 그는 곧 쓰러져버릴 것입니다. 다시 말해서 전자 회전수가 느린 사람은 조금만 무리를 하거나 유행성 감기에만 걸려도 치명적이 될 수 있다는 말입니다.

발전소의 터빈이 돌아갈 때 전력이 생기듯 우리 인체도 원자핵을 감싸고 도는 전자의 회전속도에 따라 에너지의 방출량이 달라집니다. 빨리 회전할수록 에너지도 강해집니다. 환자보다는 건강한 사람이, 늙은이보다는 젊은이의 회전속도가 빠릅니다. 참고로, 신생아에게서 방출되는 전력은 5볼트, 노인에게서 방출되는 전력은 1.5 내지 2볼트에 불과하다고 합니다.

예수를 만난 사람은 마음속에서 뜨거운 사랑이 용솟음칩니다. 사랑(신비)을 체험하는 만큼 전자의 회전수도 증가하는데, 200, 300, 500, 700, 1000⋯ 무한단위로 증가합니다. 전자 회전수가 폭발적으로 증가하면 막대한 양의 생명 호르몬과 저항력이 증가되면서 원자 자체도 크고 새로워집니다. 쉽게 말해서 전자의 회전수가 순간적으로 증폭할 때 쭈글쭈글한 얼굴이 팽팽해지고 주름살이 사라진다는 것입니다. 이 이론은 이미 이상구 박사를 통해 국내에도 널리 알려진 바 있습니다.

50회전으로 겨우겨우 생명을 유지하는 사람은 언제 어떤 자극에도 쓰러질 수 있는 사람입니다.

어느 사장의 죽음

어느 회사의 사장과 전무가 함께 점심식사를 했습니다. 회를 먹었는데 사장이 식중독으로 죽고 말았습니다. 죽은 사장을 부검해보니 사인(死因)은 아주 지독한 비브리오균 감염이었습니다. 보통 비브리오균이 인체에 침투하면 2,3일 후에야 병변이 발생하는데, 사장에게 침투한 비브리오균은 워낙 치명적인 독성을 가지고 있어서 불과 몇 시간 만에 사망해 버린 것입니다.

사장과 함께 회를 먹은 전무의 위액에서도 죽은 비브리오균들이 검출되었습니다. 그러나 똑같은 비브리오균에 감염된 두 사람에게 나타난 결과는 판이하게 달랐습니다. 무엇이 이 두 사람에게 생명과 죽음이라는 극단적인 결과를 가져오게 했을까요? 이유는 그들의 사생활에서 찾아볼 수 있습니다.

죽은 사장은 4년째 부인과 별거하고 있었습니다. 교회 집사였지만 교회에 나가는 일도 드물었습니다. 이런 상태였으니 영적 신비를 체험하기도 힘들었을 겁니다. 마음에 평안이 없었을 뿐더러 모든 일을 자신의 의지에 따라 처리해야 했습니다. 어려운 일이 닥쳐도 기도로써 하나님께 지혜를 구하지 않았습니다.

그는 승승장구했고 출세가도를 달렸지만 그 과정에서 많은 적을 만들었습니다. 자기를 반대하는 직원들에게 격렬한 저항도 받았습니다. 그래서 그는 늘 긴장과 불안 속에서 살았습니다. 그것이 바로 사장을 죽음으로 몰아간 원인이었습니다. 그날 사장의 체내에는 비브리오균의 독성을 이겨낼 만한 에너지가 축적되어 있지 않았던 것입니다.

반면에 전무는 새벽 4시면 어김없이 일어나서 승합차로 근처에 사는 노인들을 교회로 실어나르는 봉사를 하루도 거르지 않았습니다. 부인과의 사이도 아주 각별했고, 범사에 감사하는 생활 태도를 갖고 있었습니다. 집안에서 가족들의 찬송소리와 기도소리가 끊이지 않았습니다.

전무는 예수가 어떤 분인지 잘 아는 사람이었습니다. 그는 봉사할 때나 헌금을 드릴 때나 언제나 감사하고 기뻐했습니다. 마음속 깊이 하나님께 예배드리는 일을 사모했습니다. 교회에 나올 때면 늘 아내와 팔짱을 꼈습니다. 간혹 "나이 오십 넘은 사람이 주책이다", "왕년에 누구 결혼 안 해본 사람 있냐?"며 핀잔을 주는 사람이 있어도 상관치 않았습니다. 오히려 놀리는 사람을 향해 빙긋이 웃어주는 여유를 보여주었습니다. 참으로 아름다운 부부의 모습이었습니다.

이런 사람의 전자 회전수는 평소에도 빠르고 강력합니다. 아무리 강력한 독성을 가진 균이 체내에 들어온다고 해도 맥을 추지 못합니다. 나쁜 균이 침투해올 때 우리 몸은 세균들의 전쟁터가 됩니다. 몸이 이기느냐 균이 이기느냐 하는 싸움에서 몸이 이기면 건강하고, 균이 이기면 병이 나는 것입니다. 균, 곧 병원(病原)과의 싸움에서 우리 몸이 이기려면 항상 주님을 가까이하며 살아가야 합니다.

주님과 멀리 떨어진 채로 사는 사람은 참된 기쁨을 소유하지 못하기 때문에 전자의 회전속도가 지속적으로 증가하기 힘듭니다. 전자가 저속회전 하는 사람은 '걸어다니는 시체'와 다를 게 없습니다. 하지만 그런 사람도 놀라운 영적 신비를 체험하게 되면 회전속도가 가파르게 올라가서 건강한 몸을 갖게 됩니다.

침 속의 살균력

미국에서 공부할 때 그곳의 의학도들과 공동으로 실시해 본 침의 살균력에 대한 실험 이야기입니다. 이 실험을 통해 연구팀이 알게 된 사실은 사람의 침 속에 들어 있는 살균력이 모두 일정하지 않다는 것입니다.

모든 사람의 침에는 어느 정도의 살균력이 있습니다. 우리는 각 사람의 침을 접시에 담고 세균을 떨어뜨린 다음 현미경으로 관찰해보았습니다. 이때 어떤 침 속의 세균은 순식간에 엄청난 숫자로 증가하는데 반해, 어떤 침 속의 세균은 떨어지자마자 죽어버렸습니다.

세균 번식이 정지된 침의 주인공들은 한결같이 뜨거운 체험을 한 사람들이었습니다. 사랑과 감사와 은혜의 체험을 지속하며 살아가는 사람의 몸에서는 세균이 어떤 해도 끼치지 못한다는 사실이 밝혀진 것입니다. '신비를 느낀다', '예수를 만난다', '거듭남을 체험한다'라는 말에는 이처럼 놀라운 의미가 들어 있습니다.

예수를 만나면 병이 낫게 되는 이유도 여기에 있습니다. 이것은 현대과학이 증명하는 과학적 사실입니다. 뿐만 아닙니다. 약으로 병을 치료하면 순간적인 효과를 보게 되는 게 사실이지만 주님을 만나서 치유를 받으면 뿌리에서부터 그 효과가 다릅니다.

1997년 6월 24일자 「타임」지에 실린 '신앙과 치유'라는 특집기사는 우리에게 많은 것을 시사해줍니다. 이 특집기사는 무신론자인 과학자들과 의학자들이 '신앙이 병의 치유에 미치는 영향'에 대하여 연구한 내용을 다루고 있는데, 결론적으로 신앙이 병의 치유에 막대한 영향을 미친다는 결과를 담고 있습니다. 이 연구에 참여한 학자들은 뜨겁게 기도하고 있는 사람 안에서 병을 이겨내는 다량의 '몰핀 호르몬'이 분비되는 것을 발견했는데, 몰핀 호르몬이란 강력한 진통 효과를 내는 물질입니다.

얼굴이 바뀐 택시 운전사

진짜 신비를 체험한 사람의 예를 하나 들겠습니다. 부산의 한 교회에서 일어난 사건입니다.

어느 추운 겨울날, 새벽기도회에 가던 한 장로가 쓰러져 있는 부랑자를 교회 앞에서 발견했습니다. 의사였던 그 장로는 혹시 동사자(凍死者)가 아닐까 싶어 그 부랑자의 맥박을 짚어보았습니다. 맥박이 거의 잡히지 않을 정도로 약하게 뛰고 있었지만 다행히 아직 살아 있었습니다.

장로는 역한 술 냄새를 풍기는 그 부랑자를 교회로 업어왔습니다. 그리고 그날 이후 교회 권사들이 그 부랑자를 정성껏 간호해주었습니다. 녹두죽을 쑤고 따뜻한 밥을 지어 먹이면서 그의 회복을 위해 진심으로 기도해주었습니다.

죽어가던 부랑자는 스물여덟의 젊은 택시기사였습니다. 그런데 그의 얼굴 피부가 마치 문둥병을 앓은 사람처럼 흉측했습니다. 그는 손이 귀한 집안의 삼대 독자여서 어른들이 일찍부터 결혼을 서둘렀다고 합니다. 하지만 흉측한 얼굴 피부 때문에 시집오겠다는 처녀가 없었습니다. 선을 볼 때마다 처녀들이 기겁을 하고 도망가는 바람에 말 한마디 붙여볼 수도 없었습니다. 피부에 좋다면 뭐든지 발라보고 먹어도 보았지만 아무 소용이 없었습니다. 그는 절망하여 결혼을 포기한 채 돈만 생기면 술독에 빠져 살았습니다. 세상을 향한 적대감이 마음속에서 부글거렸습니다. 거리에서 발견되던 그날도 그는 술에 만취된 상태로 집에 돌아가다가 길거리에서 잠이 들었던 것입니다.

여차했으면 동사했을 뻔한 자신을 아무 조건 없이 교회에 옮겨 놓고 며칠씩 정성스레 간호해준 교인들의 사랑에 꽁꽁 얼어붙었던 그 젊은이의 마음이 녹아내리기 시작했습니다. 그의 마음속에서 놀라운 사랑의 신비가 느껴졌습니다. 그는 권사님들이 가르쳐주는 대로 잘못을 회개하면서 울었습니다. 독자로 자라오면서 부모님께 저지른 잘못도 회개했습니다. 그의 마음을 지배하던 타인에 대한 미움과 증오에 대해서도 고백했습니다.

며칠 후 그 택시기사는 완전히 회복되었으나 교회를 떠나려 하지 않았습니다. 그는 40일 동안 교회에서 엎드려 울면서 기도했습니다. 그러는 동안 그에게 놀라운 변화가 일어났습니다. 얼굴을 덮은 흉측한 피부가 비늘이 떨어지듯 모두 떨어져나간 것입니다.

피부가 한 꺼풀 벗겨지자 그의 얼굴이 마치 어린아이의 피부처럼 깨끗해졌습니다. 깨끗해진 자신의 얼굴을 거울에 비춰보면서 그 젊은이는 하염없이 기쁨의 눈물을 흘렸습니다.

그는 목사님에게 교회 일을 하게 해달라고 사정했고 마침 교회차의 운전기사를 구하고 있던 목사님은 그의 부탁을 흔쾌히 들어주었습니다.

이 얘기를 대전의 어느 집회에서 듣게 된 나는 직업적 호기심이 발동하여 직접 그 사람을 만나보고 싶었습니다. 반신반의하면서 찾아간 부산의 그 교회에서 그를 볼 수 있었는데, 그는 정말로 어린아이처럼 맑은 피부를 가지고 있었습니다. 그가 내게 사건 당시의 에피소드 하나를 들려주었습니다. 그의 얼굴이 얼마나 많이 변했던지, 이삿짐을 가지러 간 그에게 하숙집 여주인이 본인이 아니라며 방문을 열어주지 않았다는 것입니다. 그는 지금 결혼하여 자녀들을 낳고 잘 살고 있습니다. 예수를 만나 신비를 체험한 사람들의 변화된 이야기는 이밖에도 끝이 없습니다.

미인과 자신감

일본의 어떤 모임에서 유명한 일본 여성미용가와 함께 강연할 기회가 있었는데, 그때 들은 그 미용가의 강연이 아주 인상적이었습니다. 그녀가 미용계의 정상에 오르기까지 어떻게 살아왔는가가 그 강연의 골자였는데 처음엔 내용이 너무나 평범해서 놀랐습니다. 그 정도 인물이라면 뭔가 대단한 성공 비결이 있을 법도 한데 그녀는 '자신감'과 '사랑'만 있으면 얼마든지 성공할 수 있다고 말하는 것이었습니다. 아무리 못생긴 여자라도 자신감과 사랑만 있으면 얼마든지 예뻐질 수 있다는 것이 그녀의 미용철학이었습니다.

비단 그녀의 주장이 아니더라도 사람은 누군가를 사랑할 때 아름다워집니다. 그러니 예수님을 만난 사람의 얼굴 피부가 벗겨진다고 해서 놀랄 일이 무엇이겠습니까? 남녀 간의 사랑만으로도 기적 같은 일들이 수없이 일어나는데, 하물며 하나님과의 만남이고, 하나님과의 사랑이라면 말해 무엇하겠습니까!

내가 진행하는 영성 수련회에서도 종종 얼굴 피부가 벗겨져나가는 현상을 볼 수 있습니다. 주님을 만나 거룩한 신비를 체험하면 신체도 함께 젊어집니다.

자살을 알리는 전화

어느 날 대학원에서 강의를 마치고 돌아가려고 하는데, 연구실의 전화벨 소리가 요란하게 울렸습니다. 무심코 수화기를 집어든 나는 순간적으로 오싹한 한기를 느꼈습니다.

"모~옥~사~님…"

수화기를 통해 가늘게 흘러나오는 여인의 목소리가 마치 전설의 고향에 나오는 귀신의 목소리처럼 낮고 음산했기 때문입니다. 당황한 나는 바짝 긴장하며 누구시냐고 물었지만, 여인은 한참 뜸을 들인 후에야 아까보다 더 낮고 음산한 목소리로 나를 만나고 싶다고 했습니다.

순간 등골에서 진땀이 쫙 흘러내렸습니다. '명색이 목사라는 위인이 대낮에 걸려온 여인의 전화 목소리에 겁을 집어 먹다니!' 라고 생각하면서도 더럭 겁이 나는 것은 어쩔 수 없었습니다. 그만큼 전화를 걸어온 여인의 목소리에 죽음의 냄새 같은 것이 짙게 배어 있었던 것입니다.

"지금 오후 다섯 시입니다. 교회 가야 할 시간이에요."

당황한 내가 수요예배 핑계를 대며 거절했지만 여인은 물러서지 않았습니다.

"…생명에 관련된 문제입니다."

여인이 좀더 분명해진 목소리로 간절하게 말했지만, 잔뜩 겁을 집어먹은 나는, "아무리 생명에 관한 문제라도 목사가 수요일이면 교회 가는 것이 당연하지요"라며 강한 어조로 거절 의사를 밝혔습니다. 어떻게든 여인을 대면하고 싶지 않았습니다. 그러자 여인이 체념한 목소리로, "지금 약 사다 놓고 마시기 전에 전화드리는 거예요."라고 말했습니다.

그때서야 정신이 번쩍 들었습니다. 여인은 자살 직전에 내게 전화를 했던 것입니다. 자살하려는 사람은 죽기 전에 반드시 누군가에게 신호를 보낸다는 사실을 알고 있었기에 여인을 그대로 놓아둘 수는 없었습니다. 그대로 놓아둔다면 여인은 틀림없이 죽게 될 것입니다. 나는 다급한 목소리로 여인에게 물었습니다.

"지금 어디십니까?"

"길음동이요."

"길음동이요? 길음동이라면 이곳에서 가까우니 서둘러 오시면 교회 가기 전에 잠깐 얘기를 나눌 수 있겠네요. 택시 타고 빨리 오실 수 있으세요?"

마흔두 살의 할머니

수화기를 내려놓고 초조한 마음으로 여인이 오기를 기다렸지만 여인은 40분이 지나도록 감감 무소식이었습니다.

'늦어도 10분이면 올 수 있는 거리인데…. 내가 혹시 장난전화에 말려든 건 아닐까? 아니면 여인이 그새 약을 먹고 자살해버린 것일까?'

나는 시계를 수없이 들여다보면서 초조하게 여인을 기다렸습니다.

이윽고 밖에서 끽 하고 자동차 멈추는 소리가 들려왔습니다.

'왔구나!'

그런데 한참 동안 여인의 기척이 들려오지 않았습니다.

'왔으면 얼른 들어올 일이지 밖에서 뭘 그리 꾸물거리고 있는 거야?'

짜증과 조바심이 함께 몰려왔습니다. 이윽고 계단을 오르는 구두소리가 들려왔습니다.

"딸가닥… 딸가닥… 딸가닥."

구두소리가 한참 만에 한 번씩 들려오곤 했습니다. 드디어 연구실 문 앞에서 여인의 기척이 들려왔습니다.

"들어오세요."

문 쪽을 향해 세 번씩이나 재촉했지만 여인은 아무 대답도 없었습니다. 답답해서 문을 열고 내다보니 한 노파가 금방이라도 쓰러질 듯한 표정으로 문에 기대어 있었습니다. 노파는 문을 열고 들어올 힘조차 없어 보였습니다.

'전화 목소리로는 중년여인인 것 같았는데….'

 전자 회전수가 불과 2,30회 정도밖에는 안 되어 보이는 노파였습니다. 이런 사람은 가벼운 충격에도 자칫 죽을 수 있습니다. 노파를 조심스레 부축하여 자리에 앉혔습니다.
 "제가 뭘 도와드릴 수 있을까요?"
 노파가 떠듬떠듬 자신의 문제를 털어놓았습니다.
 "남편이 바람이 나서 10개월이나 집에 돌아오지 않고 있어요. 어쩌다 가끔 돈이나 뜯으러 오고…, 저는 교회 집사이지만 아직 예수님이나 하나님에 대해서 잘 몰라요. 내가 믿은 것은 오직 남편뿐이었어요.

그런데 남편이 저러고 다니니 살아야 할 이유가 뭔지 모르겠어요. … 죽는 수밖에 없을 것 같아요."

"남편 되시는 분 연세가 어떻게 되시나요?"

"올해 마흔여덟이에요."

'마흔여덟? 60도 넘어보이는 할머니의 남편이 마흔여덟이라니, 도대체 몇 살이나 연상이라는 거야?'

이런 내 생각은 보기 좋게 빗나갔습니다.

"집사님 나이는 어떻게 되세요?"

"마흔둘이요."

상상으로 기도하기

귀가 의심스러울 지경이었습니다. 마흔두 살의 여자가 어쩌면 저렇게 늙어보일 수 있단 말인가! 새삼 마음의 건강이 인체에 미치는 영향이 얼마나 큰 것인지 실감할 수 있었습니다.

'참으로 인간은 절망에 빠질 때 한순간에 늙어버릴 수 있는 존재로구나!'

"딱한 일이군요. 40대 바람은 임금님도 못 말린다는데, 집사님도 남편 돌아오게 하느라 지금까지 애 많이 쓰셨겠어요."

"네. 부끄럽지만 교회 집사라는 사람이 돈암동에 가서 사백만 원짜리 굿도 해보고, 삼백만 원짜리 부적을 해서 천장에 붙여도 보았어요. 새벽 한 시에 남편 양복을 잘라서 불살라보기도 했지만 아무 소용이 없었어요."

"이것도 저것도 다 안 되었으니 달리 구원을 요청해 볼 데라곤 딱 한 군데밖에 없는 것 같군요."

"그곳이 어디입니까?"

여인이 기대에 찬 눈빛으로 바라보았습니다.

"바로 예수님입니다. 내일부터 새벽기도회에 나가세요. 그리고 이렇게 생각하면서 기도하세요. 첫째로 예수님이 남편 있는 곳을 찾아가서 남편을 품에 안고 집으로 데려오는 장면을 상상하고, 둘째로 그것이 이루어질 것을 믿고, 셋째로 그것에 대해 감사하는 겁니다. 실제로 기도의 내용이 이루어진 것처럼 하나님께 감사해야 합니다."

"그렇게 해보겠어요."

"그렇다면 저하고 한 가지 약속을 하십시다. 또 다시 약을 마시고 죽고싶을 때는 반드시 내게 먼저 전화를 하셔야 하고, 그렇지 않더라도 일주일에 한 번씩은 전화해주셔야 합니다."

집으로 돌아간 여인은 약속대로 일주일에 한 번씩 꼬박꼬박 전화를 해왔습니다. 그리고 전화를 하는 그녀의 목소리가 점점 밝아지는 것을 느낄 수 있었습니다.

"목사님, 예수님이 우리 남편을 품에 안고 집에 들어오시는 모습을 상상할 때마다 기분이 한결 나아져요."

"계속 그렇게 기도하세요."

구 집사의 춤

3개월쯤 지나 그 여집사로부터 전화가 왔습니다. 날로 밝아져가던 그 집사의 목소리가 그날따라 옥구슬 굴러가는 소리를 내고 있었습니다.

"목사님, 목사님, 오늘 새벽 남편이 제 품에 안겼어요."

"드디어 남편이 돌아오셨군요!"

"아뇨. 하지만 기도하는 가운데 그런 확신이 왔어요."

이쯤 되면 자신이 처한 상황을 이겨내는 것은 시간문제입니다. 이 정도의 정신력이면 남편이 집에 들어오거나 말거나 별 상관이 없게 된 것입니다. 그녀는 이제 막 새로운 믿음의 단계를 밟기 시작하고 있었습니다. 그런데 놀랍게도 그녀가 그런 확신을 갖게 된 뒤 한 달이 못되어 거짓말처럼 남편이 집으로 돌아왔습니다. 기도가 세어지니까 남편이 자석처럼 딸려온 것입니다.

돌아온 그녀의 남편은 다음날부터 아내를 따라 새벽기도회에 출석했습니다. 새벽이면 자기가 먼저 일어나 현관에 서서 아내를 기다렸습니다. 부인이 자신을 본 체 만 체하고 휑 하니 나가버려도 아무 말 없이 뒤를 따라왔습니다. 하지만 그녀는 돌아온 남편을 전적으로 믿을 수 없었습니다. 남편의 그런 행동들이 위선인 것만 같았습니다. 그래서 속으로, '이번에는 돈을 얼마나 뜯어가려고? 아주 작정을 한 모양이지?' 라는 생각만 들었습니다.

그런데 남편의 태도가 며칠이 지나도 변함이 없었습니다. 그리고 기도할 때마다 슬피 통곡하며 자신의 죄를 뉘우치는 것이었습니다. 남편은 마치 울보가 되어버린 것 같았습니다. 걸핏하면 눈물을 보였습니다. 아내를 붙들고 "나 같은 놈을 받아줘서 고맙다"며 울고, 밥을 먹다가도 울었습니다. 그녀는 비로소 남편이 분명히 달라졌다는 사실을 깨닫게 되었습니다. 어느 날 그녀가 덩실덩실 춤을 추면서 큰 소리로 외쳤습니다.

"동네 사람들아, 예수를 믿으려면 나처럼 살아계신 예수를 믿으세요. 죽은 다음 천당에서나 만나는 예수님인 줄 알았는데, 예수님은 살아계셔서 내 남편을 이렇게 데려오셨다네!"

이제부터 그녀를 구 집사라고 부르겠습니다. 구 집사는 매일같이 춤을 추었습니다. 춤을 추다가 황홀경에 빠져들기도 했습니다. 어떤 때는 아침 9시에 시작해서 12시까지 계속 춤을 추기도 했습니다. 그런 식으로 구 집사는 시도 때도 없이 춤을 추었습니다. 가슴속에서 터져 나오는 뜨거운 감격 때문에 춤을 추지 않고서는 배길 수가 없었던 것입니다. 무려 한 달 이상 구 집사는 날마다 춤을 추면서 기쁨을 만끽했습니다.

구 집사가 이러고 있는 동안 나는 갑자기 소식이 끊긴 그녀의 안부가 궁금해졌습니다. 지난 번 전화 목소리로 봐서는 괜찮을 것도 같고 갑자기 소식을 끊은 걸 보면 무슨 일이 일어난 것도 같았습니다. 그러다가 한 달 만에 구 집사의 전화를 받게 되었습니다.

"목사님! 목사~니임!"

목소리에 얼마나 힘을 주어 말하는지 귀청이 따가울 정도였습니다.

"왜 그러세요, 집사님? 무슨 일 있으세요?"

"살아계신 예수님이 우리 남편을 진짜로 데려다주셨어요. 예수님이 내 기도를 들어주셨다구요! 그래서 목사님을 만나뵈야 되겠어요."

"축하합니다. 그런데 남편 들어왔으면 됐지, 나를 뭐 하러 보겠다는 거예요?"

"잠깐이면 돼요."

"그러면 수업이 있으니까 그 전에 오셔야 됩니다. 30분밖에 시간이 없어요."

전화를 끊은 지 10분도 안 되었을 때 한 여인이 노크도 없이 연구실 문을 열고 들어섰습니다. 성큼 들어선 여인의 모습은 대단히 아름다웠습니다. 손에는 제주산 금귤 한 상자가 들려 있었습니다.

"누구신지?"

여인이 배시시 웃으며 말했습니다.

"목사님, 저예요. 저 몰라보시겠어요? 구 집사요."

"구 집사라니요? 그럴 리가…."

그 사이 구 집사는 전혀 다른 모습으로 변해 있었습니다. 불과 넉 달 전만 해도 다 죽어가던 60대 노파의 몰골이었는데, 그 모습은 온데간데없고 믿어지지 않을 만큼 젊고 아름다운 여인으로 변해 있었습니다. 너무나 믿을 수 없어서 찬찬히 뜯어보아도 구 집사의 얼굴에서 그때 그 노파의 모습은 전혀 찾아볼 수 없었습니다.

"구 집사님, 그새 얼굴 근육 당겨주는 화장품이라도 바르신 거예요?"

"목사님, 전 원래 화장 안 해요."

화장을 안 했다는 구 집사의 얼굴은 아무리 보아도 30대 중반을 넘어 보이지 않았습니다. 그것은 성령의 신비를 체험한 사람의 얼굴이었습니다. 아마도 그때 구 집사의 신체 전자 회전수는 아마 1,000회를 웃돌았을 것 같습니다. 이 정도의 신체 사이클을 가진 사람이라면 영하 20도의 강추위에 맨몸으로 서 있어도 끄떡없습니다. 예수님을 만나 신비의 체험을 한 사람은 구 집사처럼 놀라운 전인적인 건강을 누릴 수 있게 됩니다. 살아계신 예수님을 만나 영의 눈을 뜨고 새로운 세계를 보게 되는 일은 이처럼 경이로운 일입니다.

step 4
건강한 자아상 만들기와 물려주기

9. 자신과 만나는 체험

　지금까지의 이 책의 초점은 '나의 영성'에 맞춰져 있었습니다. 곧 "내가 누구인가? 내 영적 자아상은 어떻게, 왜 이런 모습으로 형성되어왔는가? 어떤 신비를 경험하면서 성장해 왔는가?"를 다루어온 것입니다. 또 새로운 존재, 즉 새로운 사람이 되기 위해 우리가 만나야 할 대상은 누구인지에 대해서도 살펴보았습니다.

　주님과의 만남, 나 자신과의 만남, 이웃과의 만남이 우리 만남의 대상입니다. 이 세 가지 만남이 잘 이루어져야 비로소 치유되었다고 말할 수 있습니다. 이중에서 지금까지는 예수님과의 만남에 대해서 살펴보았습니다. 이제부터는 나 자신과의 만남에 대해 이야기를 나누어보겠습니다.

　"나는 어떤 사람인가? 나 자신에 대해 나는 어떤 생각을 가지고 있는가? 나를 제대로 보고 있는가, 아니면 잘못 보고 있는가? 나라는 사람은 어떤 사람인가?"가 이 장의 주제입니다.

헤먼드 교회의 제니

시카고에서 공부할 때의 일입니다. 공부하면서 그곳에 있는 한인교회에서 주일학교 교육담당으로 봉사하게 되었습니다. 그런데 내가 주일학교를 담당한 뒤로 학생들이 점점 줄어드는 것이었습니다. 원래 80명이던 주일학교 학생들이 한 달도 못 되어 70명으로 줄어들고, 두 달 후에는 60명, 석 달 후에는 50명으로 줄어들었습니다. 학생이 늘기는커녕 빠져나가기만 하니 체면이 말이 아니었습니다. 나는 주일학교에 나오지 않는 아이들에게 일일이 전화를 해보았습니다.

"아무개야, 왜 교회에 나오지 않니?"

"미국교회에 나가고 있는데요."

"왜 갑자기 미국교회에 나가는 거야?"

"미국교회가 너무너무 좋아서요."

아이들은 한결같이 미국교회가 너무너무 좋아서 그리로 간다고 대답하는 것이었습니다. 뿐만 아니라 미국교회로 옮겨간 아이들이 다른 아이들까지 끌고 가는 식이었습니다. 이런 식으로 3개월 만에 주일학교 학생이 무려 30명이나 줄어들었습니다. 그야말로 밥줄을 위협(?)하는 중대사건이 아닐 수 없었습니다.

주일이면 그 미국교회의 버스가 수십 대씩 시카고 시내를 돌아다녔습니다. 모두 아이들을 실어나르는 차였습니다. 어느 주일날, 나도 아이들 틈에 끼어 그 교회 차에 올라탔습니다. 어떻게 주일학교를 운영하기에 아이들이 그렇게 많이 몰려가는지 확인도 하고싶고, 운영방식을 배워서 활용도 해보겠다는 속셈이었습니다.

그런데 버스를 탄 지 한참이 지났는데도 멈추지 않고 계속해서 달리고 있었습니다. 이미 시카고 시내를 벗어나 있었습니다.

버스는 시카고가 있는 일리노이주를 벗어나서 인디애나주의 작은 도시 '헤먼드'의 어느 교회 앞에 멈춰 섰습니다. 아마 서울에서 안성쯤 되는 거리일 것입니다. 성인 교인 수가 1,500명 가량 되는 침례교회였는데, 주일학교 학생은 무려 33,700명이나 된다고 했습니다. 놀라서 입이 다물어지지 않았습니다. 예배가 끝난 뒤 목사님을 붙들고 그 비결이 무엇인지를 물었습니다.

"목사님, 저는 한국에서 온 유학생입니다. 어떻게 해서 주일학교가 이렇게 부흥하는 겁니까?"

그러자 목사가 웃으며 대답해주었습니다.

"그거라면 내게 묻지 마세요. 건너편 벽돌집에 우리 교회 주일학교 학생을 480명에서 33,700명으로 부흥시킨 장본인이 있습니다. 주일학교의 총무 제니가 그 주인공이니 저 곳에 가서 그녀를 만나보십시오."

못생긴 게 비결

목사의 말을 들어보니, 33,700명이나 되는 아이들을 교회에 다 수용할 수도 없는 사정인데다 제니가 이끄는 교회학교 수업이 아주 훌륭하다는 소식을 들은 헤먼드 시의회가 시내의 모든 학교 건물을 사용할 수 있도록 특별히 배려해주어서 주일학교를 각 학교에서 열고 있다는 것이었습니다. 부럽다 못해 질투가 날 지경이었습니다. 제니는 지금 주일학교 본부에 나가 있다고 했습니다.

빨간 벽돌집에서 제니 선생을 찾았으나 제니는 쉽게 나타나지 않았습니다. 시내 전역에 흩어져 있는 주일학교 학생들과 교사들을 진두지휘하느라 눈코 뜰 새 없이 바쁘다고 했습니다. 하지만 이곳까지 와서 그냥 돌아갈 수는 없었습니다. 건물 안으로 들어가는 것마저 허락되지 않아 현관에 앉아서 하루종일 제니에게 쪽지를 보냈습니다.

"한국에서 온 유학생이 제니를 만나러 왔습니다."

하지만 안에서는 아무런 반응도 없었습니다. 세 시간쯤 그러고 있을 때 한 남자교사가 내게 관심을 보여주었습니다.

"왜 그곳에서 서성이고 계십니까?"

"제니 선생을 만나러 왔습니다."

"그러시군요. 그런데 오늘은 제니가 너무나 바쁘답니다."

"그런 것 같아요. 그래도 이곳에서 제니 선생이 나올 때까지 기다리겠습니다."

그 남자 선생이 고개를 끄덕이며 안으로 들어간 뒤에도 나는 계속 제니를 기다렸습니다.

'도대체 어떤 여자일까? 어떤 사람이기에 이런 기적 같은 일을 이루어냈단 말인가?'

한참 시간이 흘렀습니다. 누군가 나를 불러서 돌아보니 아까 친절을 베풀었던 그 남자 선생이었습니다.

"지금 제니가 나오고 있어요."

그의 말대로 건물 안쪽 어두운 복도에서 누군가가 걸어나오고 있었습니다. 차츰 그 사람의 윤곽이 뚜렷해졌습니다. 순간 나는 놀라지 않을 수 없었습니다. 사람인지 드럼통인지 분간하기 어려울 만큼 키가 작고 뚱뚱한 여인이 뒤뚱거리며 걸어나오고 있었던 것입니다.

'아니, 저 여자가 그 대단하다는 제니란 말인가!'

쉽게 믿어지지 않았습니다. 헤먼드 시는 물론이고, 다른 도시의 아이들까지 교회의 주일학교로 불러들이는 그 여선생이 저렇듯 못 생기고 뚱뚱한 외모를 지니고 있었다니…, 잠깐 어이가 없다는 생각이 들었습니다. 저 여자의 어디에 3만여 명의 아이들을 꼼짝 못하게 만드는 마력이 숨어 있다는 말일까? 제니 선생이 나를 향해 손을 흔들어보였습니다.

"미스터 정?"

"예."

"날 만나러 왔나요? 내가 제니예요."

손을 내미는 제니를 보면서 나는 다시 한번 놀랐습니다. 가까이서 보니 더욱 못생겼기 때문입니다. 나는 그때까지 그렇게 못생긴 얼굴을 본 적이 없었습니다. 깨알같은 주근깨가 얼굴 전체를 덮고 있는 얼굴하며, 지나치게 작은 키에 지나치게 뚱뚱한 몸매하며 어디 하나 봐줄 만한 구석이 없는 이 여자의 어디에 아이들이 열광하는지 알 수가 없었습니다.

근처 식당에서 마주하고 앉았을 때, 제니가 내게 물었습니다.

"미스터 정, 내가 너무 못생겨서 놀랐지요?"

사실이었기 때문에 아니라고 부정하지 못한 채 말없이 웃기만 했습니다. 대신에 나는 화제를 돌려 주일학교를 그처럼 성공시킨 비결이 무어냐고 물었습니다. 제니는 잠깐 생각에 잠기는 듯한 표정을 짓더니 입을 열었습니다.

사랑이 만든 기적

"못생겼다는 게 비결이라면 비결일 거예요. 아주 어렸을 적부터 나는 못생겼다는 이유로 친구들에게 늘 놀림을 받았어요. 그 정도가 얼마나 심했는지 중·고등학교 때에는 세 번이나 자살을 기도하기도 했어요. 하지만 그때마다 누군가에게 발견되어 죽을 수도 없었답니다. 고등학교를 졸업하고 한동안 집에서 놀다가 커뮤니티 칼리지(Community College)에 들어갔어요. 대학에 들어갈 실력이 안 되었거든요. 아시겠지만 커뮤니티 칼리지는 미국 사람이면 아무라도 들어가는 곳이 아닙니까? 90세 노인도 들어가서 꽃꽂이든 피아노든 자기가 배우고 싶은 것을 배우는 학교이지요. 그렇지만 이 학교에서도 공부만 잘하면 일반대학에 편입할 수 있기 때문에 나처럼 어린 학생들도 많이 다녔습니다. 수업료도 거의 없는 거나 마찬가지였고요. 하지만 그곳에서도 나의 태도는 별반 달라지지 않았습니다. 항상 맨 뒷자리에 앉아 졸거나 빌빌거리곤 했으니까요.

애당초 나는 내가 무엇인가를 할 수 있을 거라고 생각한 적이 없었어요. 그냥 죽지 못해 살았으니까요. 그러다가 어느 날 네비게이토 회원들과 만나게 되었습니다. 정확히 말하면 그들이 나를 선택한 것이지요. 그들은 언제부턴가 내게 다가와서 끊임없는 관심을 보여주면서 나를 위해 기도해주었습니다. 그들과 만나면서 내 영혼이 서서히 살아나기 시작했습니다.

그들이 삶에 대해 새로운 비전을 갖게 된 나를 이곳 교회로 인도했고, 그때부터 나는 주일학교 유치부 선생이 되었습니다. 처음으로 8명의 아이들이 내게 배정되었습니다. 그 아이들과 몇 주일을 함께 지내면서 나는 놀라운 사실을 깨닫게 되었습니다. 아이들은 내 외모를 보지 않는다는 거였습니다. 아이들은 그저 자기들을 예뻐해주는 나를 강아지마냥 졸졸 따라다녔습니다. 나의 외모를 보지 않고 나의 사랑에만 관심을 보였던 것입니다. 나로서는 최초의 경이로운 경험이었습니다.

'이 세상에 나를 필요로 하고, 또 나의 사랑을 얻기 위해 애쓰는 사람들도 있구나!'

순간 엄청난 감동이 몰려왔습니다. 그날부터 그 아이들을 위해서 기도하기 시작했습니다. 장황하거나 멋진 기도가 아니라 네비게이토의 기도 원칙에 따른 단순한 기도였습니다.

'하나님, 사랑하는 이 아이들을 어떻게 하면 잘 가르칠 수 있을지 지혜를 주옵소서.'

이것이 내 기도의 전부였습니다. 이 기도를 매일 잠들기 직전과 잠자리에서 일어날 때마다 하나님께 드렸습니다. 그리고 기도를 시작한 지 3년 만에 하나님이 응답해주셨습니다. 어느 날 칼리지에 가고 있는데, 갑자기 제 눈앞에 주일학교와 관련된 놀라운 현상들이 펼쳐지고 있는 거예요. 그 다음부터 주일학교를 잘 이끌어갈 수 있는 아이디어들이 샘물처럼 솟아오르기 시작했고요. 학교에 가는 동안에만도 대여섯 가지의 아이디어들이 떠올랐고, 이후로도 계속해서 아이디어가 떠올랐습니다. 샤워중이나 대화중, 심지어는 화장실에 앉아 있을 때도 아이디어가 줄줄이 떠올랐습니다. 하나님은 꿈을 통해서도 지혜를 주셨어요. 하루 24시간 내내 주일학교를 위한 영감을 주신 것입니다. 하루 이틀도 아니고 매일같이 말이에요. 그렇게 부어주시는 지혜를 그때그때 기록해두었다가 주일학교에 적용한 것 뿐이에요."

하늘의 방법대로

제니는 떠오르는 아이디어를 적었다는 노트 한 권을 보여주었습니다. 노트에는 그야말로 깨알 같은 글씨로 주일학교에 대한 아이디어들이 적혀 있었습니다. 그런 노트가 집에도 몇 권 있다고 했습니다.

"미스터 정, 나는 한 번도 주일학교를 잘해보려고 노력해본 적이 없어요. 단지 폭포수처럼 쏟아지는 아이디어들을 기록하고 적용해보았을 뿐이에요. 그러다보니 어느새 주일학교가 이만큼 커져 있었어요. 처음부터 이런 결과를 예상했던 것은 아닙니다."

제니 선생이 주일학교를 부흥시킬 수 있었던 것은 영안이 열렸기 때문이었습니다. 영안이 열린 제니 선생은 보통사람은 볼 수 없는 새로운 세계를 볼 수 있었던 것입니다. 대부분의 주일학교 선생들이 자기 식대로 아이들을 지도하는 데 반해 그녀는 하늘의 방법대로 아이들을 지도했습니다. 이것이 제니 선생의 성공 비결이었습니다. 못생긴 자신을 따라주는 아이들이 그저 너무나 고맙고 사랑스러워서 지극한 정성으로 기도하는 그녀의 모습을 아름답게 여기신 하나님께서 그녀의 영안을 열어주셨던 것입니다.

천국에 보내는 지급전보

바우서 박사나 제니 선생에게 놀라운 세계를 보게 한 그 영안은 어느 때 열리는 것일까요? 영안은 지급전보를 받았을 때 열립니다. 다시 말해서, 하나님께 기도(지급전보)를 드리고, 하나님이 보내시는 응답을 여과없이 받아들일 때 영안이 열린다는 것입니다. 그렇다면 지급전보는 언제 보내는 것이 좋을까요? 전보를 보낼 때 거치는 곳이 많다면 전보가 지급으로 전달되지 않습니다. 그래서 기도의 순간이 중요합니다. 우리가 잠들기 직전과 잠에서 깨어나는 순간이 하나님께 지급전보를 보내기에 가장 알맞은 시간입니다.

우리 안에는 하나님이 주신 영이 있습니다. 영은 육신의 눈으로는 볼 수 없는 것들을 볼 수 있습니다. 영이 보는 것은 시간과 공간의 제약을 받지 않습니다. 이 영은 우리에게 끊임없이 편지를 보내옵니다. "앞에 위험이 있으니 피하라", "네가 지금 하는 일은 하나님이 원하시는 일이 아니다" 등등의 메시지를 보내오는 것입니다. 하지만 이생의 염려와 욕심이 이를 가로막고서 영이 보내는 메시지를 깨닫지 못하게 합니다.

우리가 가장 맑고 투명해지는 순간은 수면을 취할 때입니다. 수면중에는 육신의 눈이 작동을 멈추기 때문에 어지러운 현상세계로부터의 근심과 걱정, 탐욕을 불러들일 수 없습니다. 대신 우리 안에 있는 영이 활발하게 활동하기 시작합니다. 영의 활동이 꿈으로 나타나기도 합니다. 그런 점에서 꿈은 영이 우리에게 보내는 일종의 편지입니다(모든 꿈이 다 그런 것은 아니지만).

이런 이유 때문에 잠들기 직전에 기도하면, 우리 안에 있는 하나님의 영이 꿈을 통하여 우리에게 지급으로 보내는 답전(응답)을 받을 수 있습니다. 그러나 기도하고 나서 바로 잠자리에 들지 않고 다른 일을 하다 잠이 든다면 영이 보내는 지급전보를 받기 어려워집니다.

그리고 아침에는 눈을 뜨자마자 도착한 전보를 확인(기도)해야 합니다. 급하다고 화장실에 다녀온다거나 다른 일을 보고 난 다음에 확인하면 이미 늦습니다. 반드시 일어나자 마자 눈을 감고 기도해야 합니다. 이런 식으로 자신이 소망하는 것에 대해 기도해보십시오. 하나님께서 신속한 응답을 주실 것입니다. 길게 잡아도 3년 안에 하나님의 응답을 꼭 듣게 될 것입니다.

예수님은 복음을 위해 3년 동안 전도하셨고, 죽은 지 3일 만에 부활하셨습니다. 우스갯소리 같지만 중학교 3년, 고등학교 3년, 군대도 3년입니다. 왜 이렇게 3년이라는 숫자가 많이 쓰이는 걸까요? 3이란 하나님께서 인간을 훈련시키기 위해 마련하신 숫자이기 때문입니다. 지금은 좀 줄어들었지만 군 생활이 3년인 것은 인간이 가장 효율적으로 변화되는데 3년이 걸리기 때문입니다. 3년의 복무기간을 채우지 않고 제대한 사람은 금방 군생활의 마인드를 잊어버리지만, 3년 동안 군생활을 한 사람은 60세에 다시 군대에 들어가도 똑같은 군생활을 할 수 있다고 합니다.

기도생활도 마찬가지입니다. 2년 정도 꾸준히 기도하다가도 별 응답이 없다 싶으면 쉽게 '나는 암만 기도해도 안 된다' 며 절망해버리기 쉽습니다. 그러나 2년 정도 기도해서 기도의 깊은 경지에 도달하기는 어렵습니다. 적어도 3년은 기도해야 기도의 맛을 체험할 수 있습니다. 3년 기도했는데도 기도 응답이 없다면, 자신의 기도 내용에 문제가 있지 않나 살펴보아야 합니다. 어떤 사람이든 3년을 하루같이 잠들기 전후에 간절히 기도한다면 반드시 영안을 뜨게 될 거라고 생각합니다. 영안이 열리면 우리의 문제는 이미 문제가 아닙니다.

나는 크리스찬치유목회연구원을 위해 항상 잠들기 전후에 기도합니다. 크리스찬치유목회연구원에서 배출된 평신도 지도자들이 각 교회의 구역예배를 담당하여 상처받은 영혼들을 치유하고 이 나라에 하나님의 공의와 자비가 강물처럼 흘러넘치게 해달라고 매일같이 기도합니다. 그리고 언젠가는 나의 기도가 이루어지리라는 것을 굳게 믿고 있습니다. 당신도 문제가 있다면(소망이 있다면) 오늘부터 이와 같이 기도해보십시오. 하지만 욕심에서 비롯된 기도는 아무리 해도 응답되지 않습니다. 예를 들어, "하나님, 나를 서울에서 제일 가는 부자가 되게 해주십시오" 하는 식의 기도는 이루어지지 않습니다.

깨끗한 목표를 정하고 기도를 시작해야 합니다. 성숙을 위해 기도를 시작하되, 가장 중요하다고 여겨지는 몇 가지를 선정해서 기도하시기 바랍니다. 분명한 목표가 정해지면 하나님께 그것을 내어놓고 전심으로 기도하기 바랍니다. 이런 식으로 기도한다면 비즈니스에서도 성공할 수 있습니다. 하지만 돈을 버는 목적이 오로지 혼자 잘 먹고 잘 살아보겠다는 것이라면 응답되지 않을 것입니다. 돈을 벌면 하나님과 이웃을 위해 의미있게 사용하고, 선한 목적을 위해 정직한 방법으로 살아가겠다는 마음을 가질 때 의로우신 하나님이 응답해주실 겁니다.

이것이 바로 제니의 기도 방식이었습니다. 하나님은 그녀에게 그녀가 드린 기도 이상의 지혜를 주셨고, 그녀를 통해 금세기 최고의 주일학교를 세워주셨습니다. 그녀가 출석하는 '헤먼드교회'는 30년 이상 미국에서 가장 크고 영향력 있는 교회의 위치를 굳건히 지키고 있습니다. 물론 제니가 이끄는 주일학교 때문입니다. 제니와 같은 방식으로 기도하면 우리에게도 반드시 역사가 일어납니다.

영의 눈과 육신의 눈

우리에게는 두개의 눈, 즉 영의 눈과 육신의 눈이 있습니다. 영의 눈은 진정한 자아의 모습을 바라보는 눈이고, 육신의 눈은 제한된 자아의 모습만 볼 수 있는 눈입니다. 대다수의 사람들은 아주 크고 놀라운 가능성을 가진 진정한 자아의 모습을 보지 못한 채 제한되고 초라한 자아의 모습만을 바라보며 안타까워합니다. 가슴을 치면서 자신을 쓸모없는 존재라고 한탄하는 사람도 있습니다. 그러나 영안을 뜨고 자신이 가진 무한한 가능성을 보게 되면 역동적인 삶을 살 수 있게 됩니다.

나는 누구입니까? 나는 어떤 존재입니까? 하나님은 우리를 이 땅에 보내시면서 육신의 눈과 함께 엄청난 것을 볼 수 있는 영의 눈을 주셨습니다. 그러므로 적어도 3년 동안 지속적으로 영의 세계에 전보를 보내면서 확인 작업을 계속한다면 반드시 영의 눈이 떠지게 될 것입니다.

말츠(Martz)는 "사람의 행동과 태도는 그 사람의 자아상에 달려 있다"고 말했습니다. 비굴한 행동이나 열등한 행동, 당당한 행동이나 용감한 행동 모두가 그 사람의 자아상에서 나온다는 것입니다. 말츠의 주장이 아니더라도 자아상이 크고 강한 사람이 성공하는 것을 우리 주변에서 많이 볼 수 있습니다.

성공과 실패의 심리기제

말츠에 따르면, 사람은 다 각각의 자아상을 가지고 있는데 어떤 사람 안에는 성공의 기제(mechanism)가, 어떤 사람 안에는 실패의 기제가 자리잡고 있다고 합니다. 기제의 속성은 설정된 목표를 달성할 때까지 멈추지 않고 작동한다는 것입니다. 따라서 그 사람의 마음속에 어떤 기제가 작동하느냐에 따라 그 사람의 운명이 갈립니다. 성공의 기제가 작동하는 사람은 목표를 성공적으로 성취하며, 실패의 기제가 작동하는 사람은 실패의 쓴잔을 마시게 됩니다. 다시 말해 성공의 자아상과 실패의 자아상에 의해 성공과 실패가 좌우된다는 것입니다.

실패의 자아상을 가진 사람은 다른 사람들이 자신을 업신여기고 싫어하며 무시한다고 생각하기 때문에 다른 사람을 적(敵)으로 인식합니다. 따라서 대인관계에 어려움이 생깁니다. 다른 사람 앞에 서면 얼굴이 굳어지고 행동이 경직됩니다. 이런 태도 때문에 건방지고 거만하며 차가운 사람이라는 오해를 받을 때가 많습니다.

경직된 표정을 가진 사람의 내부에는 대체로 실패하는 자아상이 자리잡고 있습니다. 다른 사람들이 자기를 싫어하고 업신여길 거라는 자아상이 자리잡고 있기 때문에 항상 긴장한 채로 살아갑니다. 이런 사람은 자아상이 변하기 전에는 표정조차 바꾸지 못합니다.

치유목회는 왜곡된 자아상(운전사)을 가진 사람에게 올바른 자아상을 갖게 하는 목회입니다. 자아상이 올바르게 바뀌면 마음속에 성공의 기제가 자리잡게 되어 인생을 성공적으로 이끌어갈 수 있습니다. 성공의 기제를 갖고 있으면, 전에는 자기를 미워한다고 여겨지던 사람도 자기를 좋아한다고 여기게 됩니다. 이런 생각 때문에 언제나 너그러운 표정을 짓게 됩니다. 그래서 항상 주변에 사람들로 북적댑니다. 많은 사람에 둘러싸인 사람은 항상 행복하고 막히는 일이 없습니다. 소중한 인적 자산을 많이 갖고 있기 때문입니다.

인상 쓰는 자아상

　나도 한때 몹시 경직된 표정을 짓고 다녔습니다. 그때는 정말 늘 비참한 심정이었습니다. 경직된 표정 때문에 겪었던 일화 한 가지를 소개하겠습니다.

　신학교를 졸업한 뒤 산업선교에 몸담고 있을 때였습니다. 그때만 해도 독일에서 상당한 액수의 선교비를 한국의 노동 선교를 위해 지원해 주고 있었습니다. 그 지원금의 관리를 담당하게 된 나는 업무상 은행에 자주 드나들었습니다.

　가난한 시절이었기 때문에 적지 않은 돈을 거래하던 내가 무시 못할 고객이었을 텐데, 은행의 담당 여직원은 나만 보면 인상을 쓰곤 했습니다. 나도 그 은행원을 볼 때마다 불쾌한 생각이 들었습니다.

　'나를 무시하는구나!'

　모든 사람이 나를 싫어하고 무시하니까 심지어 은행직원까지 날 무시하는구나 싶어 끓어오르는 분노를 삭히기가 어려웠습니다. 그래서 언젠가는 그 여직원을 한번 호되게 야단쳐주리라 별렀습니다. 그 기회는 의외로 쉽게 찾아왔습니다. 대구에 급히 송금할 일이 있어서 아침 일찍 은행을 찾았는데 그 여직원이 나를 보자마자 또 인상을 찌푸리는 것이었습니다. 순간 화가 머리끝까지 치밀어오른 내가 불같이 화를 내면서 그 여직원에게 쏘아붙였습니다.

"아가씨, 왜 아침부터 손님한테 인상을 쓰는 거야?"

얼마나 소리가 컸던지 은행 안에 있던 사람들이 일제히 나를 쳐다보았습니다. 그렇거나 말거나 나는 도끼눈을 해가지고 그 여직원을 노려보았습니다. 하얗게 질려서 나를 쳐다보던 그 여직원이 기어이 울음을 터트리며 말했습니다.

"손님이야말로 왜 만날 때마다 나한테 무섭게 인상을 쓰시는 거예요? 전 손님이 하도 인상을 쓰니까 긴장한 것이지, 인상을 쓰는 게 아니예요."

그 은행원의 말은 사실이었습니다. 그녀가 나를 향해 인상을 쓴 게 아니라 내가 먼저 그녀에게 인상을 쓰고 있었던 것입니다. 언제나 얼굴이 굳어 있는 나를 보면서 그 여직원이 긴장한다는 것을 모르고 도리어 내가 성질을 낸 것이지요. 요즘에는 내 얼굴을 보고 인상쓴다고 말하는 사람은 없습니다. 마음의 자아상이 바뀌었기 때문입니다.

이렇듯 실패의 메커니즘(기제)을 갖고 있는 사람도 성공의 메커니즘을 갖게 되면 운명이 달라지고 놀라운 역사를 이룰 수 있습니다. 성공의 메커니즘을 소유하기 위해서는 여러 각도에서 자신을 바라보는 작업이 필요합니다. '내가 보는 나', '나의 부모가 보는 나', '친구들이 보는 나'에 대해서 이웃들과 이야기해보시기 바랍니다. 이웃과의 이런 나눔은 자기 자신을 이해하는 데 아주 좋은 방법이 됩니다. 강의만 들을 때 이해 효과가 30퍼센트라면, 이야기를 나눌 때 갖는 이해의 효과는 70퍼센트에 달한다고 합니다. 한 걸음 더 나아가서 들은 내용을 다른 사람에게 전달할 때는 90퍼센트의 효과를 얻을 수 있습니다.

자아상 바꾸기

그러면 언제, 어떻게 우리 마음속에 실패의 자아상(기제)이 자리잡는 것일까요? 실패의 자아상은 수없이 반복되는 실패의 경험에 의해 자리잡게 됩니다. 이 자아상을 바꾸려면 그만큼 '성공적인 경험'이 많이 필요합니다.

자아상은 목표물을 끝까지 따라가서 폭파해버리는 속성을 갖고 있습니다. 이리저리 방향을 틀며 피하려고 하는 목표물을 정확하게 추적하고 끝까지 따라가서 끝장내버리는 미사일처럼 우리의 자아상도 실패로 프로그램되어 있으면 기어이 실패하는 인생을 살게 되고, 성공으로 프로그램되어 있으면 성공적인 인생을 살게 됩니다. 그러나 실패의 자아상을 가진 사람도 여러 번 반복하여 성공적인 경험을 하게 되면 성공의 기제를 마음속에 가질 수 있습니다.

자아상에 대한 또 다른 경험이 있습니다. 지금은 내가 많은 사람들 앞에서 아무렇지도 않게 강의도 하고 방송도 하고 있지만, 태어날 때부터 지금처럼 숫기가 많았던 것은 아닙니다. 오히려 병약하고 신경질적이어서 다른 사람들 앞에 절대로 나서지 못했습니다. 심지어 어린아이들 앞에 서는 일마저도 벌벌 떨 정도였습니다.

현재의 내 모습은 주일학교 교사시절의 경험에서 비롯된 것입니다. 16년 동안 주일학교 교사로 봉사했는데, 어른을 상대하지 않아도 된다는 편안함 때문이었습니다. 하지만 주일학교에서도 설교는 하지 않았습니다. 앞에 나서서 설교하는 일이 너무나 떨렸기 때문에 이 핑계 저 핑계를 대가며 선생님들이 눈치 못 채게 설교 당번을 빠져나가곤 했습니다.

그러던 어느 날 방학에 시골에 갔다가 돌아와보니 내 이름이 설교자 명단에 올라가 있었습니다. 순서를 헤아려보니 약 3개월 후였습니다. 그것을 보고 얼마나 가슴이 떨렸는지 모릅니다. 하지만 거절할 명분이 없었습니다.

그날부터 나의 고민이 시작되었습니다. 설교를 하기는 해야겠는데 어떻게 해야 할지 막막하기만 했습니다. 강단에 올라 서 있는 내 모습을 상상하기만 해도 가슴이 떨려왔습니다. 그래도 피할 수 없어서 동화를 하나 만들어 설교연습을 시작했습니다. 동화는 6·25 때 고향 친구 집에서 일어난 사건을 다룬 것이었습니다.

"전쟁중에 한 어머니가 아들을 살리려고 아침 일찍 누룽지를 손에 쥐어주며 비교적 안전하다고 여겨지는 외가댁에 보냈다. 어린 아들을 떠나보내면서 어머니는 곧 따라갈 테니 먼저 외할아버지 댁에 가 있으라고 말했다. 그런데 며칠 후 어머니는 아들이 돌아오는 것을 보지 못하고 공산당에 의해 죽임을 당했다. 이것을 알 리 없는 아들은 날마다 동네 언덕에 올라가서 어머니를 기다렸다. 마침내 국군이 진주했고,

집에 돌아온 아들은 이미 땅에 묻힌 어머니의 무덤 앞에서 슬피 울며 통곡했다."

대충 이런 내용이었습니다. 나는 아무도 몰래 이 동화를 두 달 동안이나 몰래 매일같이 연습했습니다. 처음에는 이불 속에서 연습하다가 나중에는 아무도 없는 예배당에 나가서 연습했습니다. 빈 예배당에서 한 달 정도 연습하자니 눈앞에 아이들이 보이기 시작했습니다. 분명히 텅 비어 있는 예배당인데 동화만 시작하면 아이들이 자리에 앉아 있는 것이었습니다. 가끔은 내 얘기에 스스로 취해서 눈물을 흘리기도 했습니다. 두 달 정도 지나자 언제 어디서고 입만 열면 준비한 동화가 줄줄 쏟아져나올 정도가 되었습니다.

드디어 아이들에게 설교를 해야 하는 날이 왔습니다. 강단에 서자 수백 개의 눈이 일제히 나를 쳐다보았습니다. 그러나 웬일인지 전혀 떨리지가 않았습니다. 나는 자신만만하게 드라마틱한 분위기를 연출해가며 아이들에게 준비한 동화를 들려주었습니다. 200여 명의 아이들이 감전된 듯 숨을 죽인 채 내 이야기를 듣고 있었습니다. 아, 그때의 감동이라니!

동화 설교를 마치고 자리로 돌아오는데 아이들이 나를 향해 연신 박수갈채를 보냈습니다. 그 이후 내 별명은 동화선생이 되었습니다. 감히 말하건대, 그때의 경험이 오늘의 나를 만들었다고 생각합니다. 누군가로부터 - 비록 아이들이었지만 - 인정을 받았다는 경험이 항상 주눅든 채로 대인기피증에 시달리고 있던 나의 자아상을 180도 전환시켜놓은 것입니다.

이후 내적 치유를 통해서 대인관계의 어려움을 완전히 극복할 수 있었지만 주일학교 교사시절의 경험이 오늘의 나를 있게 한 시발점이 되었다는 생각에는 변함이 없습니다.

10. 자아상이 싹트는 자리

영아원의 아이들이 울지 않는 것은 아무리 울어도(기도해도) 응답이 없기 때문이라고 합니다. 아무리 울어도(기도해도) 반응이 없으니까 아예 울기를 포기해버린다는 것입니다. 이런 아이들의 마음속에는 '기도해봐야 무슨 소용이야? 이루어지지도 않는 걸'이라는 자아상의 바탕이 형성됩니다. 이런 자아상을 가진 아이들은 자라서도 응답받는 기도를 할 수가 없습니다. 기도해도 들어주지 않을 거라는 자아상에 지배당하는 까닭입니다. 이런 바탕은 다시 '세상은 믿을 수 없는 곳이야. 내가 아무리 발버둥쳐도 세상은 나를 신뢰하거나 인정해주지 않아'라는 부정적인 사고방식으로 발전하게 됩니다.

좋은 자녀를 갖기 위한 부부생활

지금까지 우리는 자아상의 정체를 추적해보았습니다. 자아상은 때로 우리를 원치 않는 방향으로 끌고다니기도 하고, 반면에 상상도 못할 만큼 행복한 방향으로 이끌어가기도 합니다. 이런 자아상이 우리 안에 언제 자리잡게 되는 것일까요? 자아상은 여러 경로를 통하여 우리 마음에 자리잡게 되는데, 처음으로 자아상이 자리잡게 되는 시점은 부모의 잠자리에서부터입니다.

아버지는 어떤 마음으로 어머니와 몸을 합쳤으며, 어머니는 그 순간 어떤 마음이었을까요? 두 사람 다 지극히 사랑하는 마음으로 일체가 되어 잉태된 아이는 지극히 건강한 상태를 유지하지만, 순전히 동물적인 욕구나 강박에 의해서 잉태된 아이는 건강하지 못합니다. 그렇다면 당신은 어떤 상태에서 만들어진 존재일까요?

부부 사이에 사랑이 절정에 달하면 세포의 전자 회전수가 한없이 높아집니다. 그런데 불행하게도 한쪽이(특히 아내가) 원하지 않는데도 한쪽이 강요해서 성행위가 이루어진다면, 부부 사이라도 강간당한 듯한 느낌을 갖게 됩니다. 이런 상태에서 배출된 난자가 건강할 리 없습니다. 반대로 아내를 사랑하지 않으면서 동물적인 욕구에 못 이겨 성행위를 한 상태에서 나온 정자도 좋은 정자가 될 수 없습니다.

같은 사과밭에서 자란 사과라도 어떤 사과는 우량사과가 되고 어떤 사과는 불량사과가 됩니다. 정자와 난자도 환경과 상황에 따라 제각각 상태가 달라집니다. 아내를 지극히 사랑하는 남편의 정자와 남편을 지극히 사랑하는 아내의 난자가 합쳐져서 만들어진 수정란은 놀랄 만큼 높은 회전수를 보이게 됩니다. 말하자면 우량 씨앗을 뿌린 것입니다. 우량 씨앗을 뿌리면 좋은 결실을 얻고 불량 씨앗을 뿌리면 불량한 결실을 얻게 됩니다. 마찬가지로 사람농사도 씨앗을 뿌릴 때부터 정성을 다해야 합니다. 하지만 씨만 잘 뿌린다고 해서 반드시 좋은 열매가 맺히는 것은 아닙니다. 좋은 열매를 맺기 위해서는 좋은 씨앗을 뿌린 뒤 때에 따라 거름을 주고 김을 매고 병충해를 잡아주는 등 온갖 정성을 다해야 합니다.

우리의 자아상은 이렇듯 부모의 잠자리에서부터 형성됩니다. 다시 말해서 나의 의지와 전혀 상관없이 형성된 자아상이 오늘의 나를 만드는 데 결정적인 역할을 하게 된다는 말입니다. 그래서 요즘 이런 말이 유행하는 것 같습니다.

"10년 학교 교육에 신경 쓰기보다 10개월 태교에 힘쓰고, 10개월 태교에 힘을 쓰기보다 하룻밤 부부생활에 신경을 써라."

좋은 아이 갖기 운동 : 다니엘 기도

이제부터는 올바른 부부생활과 좋은 아이 만들기에 대해 생각해보겠습니다. 좋은 아이를 갖기 위해서는 먼저 올바른 교육이 필요합니다. 사도 바울은 디모데에게 이렇게 말했습니다.

"또 네가 많은 증인 앞에서 내게 들은 바를 충성된 사람들에게 부탁하라 저희가 또 다른 사람들을 가르칠 수 있으리라"(딤후 2:2).

곧 믿을 만한 사람들에게 말씀을 전해주어라. 그러면 그들이 내 말을 또 다른 사람들에게 가르쳐줄 것이라는 말입니다.

나도 다음과 같은 제안을 하나 하겠습니다.

우리 모두 '좋은 아이 갖기' 운동을 시작하자는 것입니다. 이 운동의 첫 순서는 아이를 갖기 전에 '다니엘 기도'를 드리는 것부터 시작합니다. 알다시피 다니엘 기도는 21일 동안 드리는 기도입니다. 최소한 21일 동안은 아이를 위해 기도하자는 것입니다. 우리 조상들은 아이를 갖기 위해 백일 치성을 드렸습니다. 그렇게까지는 못해도 하나님이 주시는 최고 선물인 아이를 위해 최소한 21일간은 기도로 준비하는 것이 바람직하지 않겠습니까.

다니엘 기도를 하는 데에도 요령이 있습니다. 배란일을 기준으로 다니엘 기도를 시작하는 것입니다. 배란일을 D-day로 삼고, 그 21일 전에 기도를 시작해서 끝나는 날 부부가 합궁(合宮)을 하는 것입니다.

이때 부부는 함께 새벽기도회에 나가서 그동안 마음속에 맺혔던 원한이나 섭섭한 감정, 미움이나 증오 같은 감정을 기도하면서 하나하나 풀어내버려야 합니다. 그리고 그러한 감정을 갖게 한 사람들과도 화해해야 합니다. 이런 식으로 21일 동안 날마다 마음속의 어두움을 날려보내면서 좋은 아이를 갖게 해달라고 기도하는 것입니다.

한편 적당한 운동으로 신체를 단련하는 일도 매우 중요합니다. 운동은 산소를 많이 마실 수 있는 조깅이 좋습니다. 평소에 산소를 많이 마시는 사람은 뇌의 활동이 왕성해져서 치매에 걸리지 않는다고 합니다. 조깅을 할 때 인체가 들이키는 산소의 양은 평상시 앉아서 흡입하는 산소의 양보다 무려 80배나 더 많습니다. 즉, 앉아 있을 때 1리터의 산소를 마실 수 있다면 조깅할 때는 80리터의 산소를 마시게 되는 것입니다. 80리터의 산소 중 3분의 2가 뇌로 들어가서 정신을 맑게 해준다고 하니 될 수 있는 대로 조깅을 하면서 새벽기도를 다녀오는 것도 좋은 방법이 될 것입니다. 부부가 정답게 손을 잡고 달린다면 더욱 좋겠지

요. 하지만 매연 가득한 거리를 조깅하는 일은 좋지 않습니다.

또한 부부가 매일 서로에게 한 가지 이상씩 서로의 장점에 대해 이야기해주는 것도 좋습니다. 서로에게 종종 작은 선물이라도 할 수 있다면 더욱 좋겠습니다. 꼭 값비싼 것을 선물할 필요는 없습니다. 들풀을 하나 꺾어다주어도 좋고, 정성스럽게 엽서를 써서 보내는 것도 서로의 사랑을 확인할 수 있는 좋은 선물이 됩니다.

잠들기 전에는 손을 잡고 함께 회개의 기도를 합니다. 기도가 끝나면 서로 얼싸안고 사랑한다는 말을 속삭인 뒤 잠자리에 듭니다. 이때 아무리 감정이 고조되더라도 몸을 합해서는 안 됩니다.

마지막 날 밤에는 하나님께 기도하고 부부만의 조촐한 파티를 연 뒤 행복한 기분으로 잠자리에 듭니다. 이렇게 해서 태어난 아이는 후일 성장하는 과정에서 별탈 없이 자라게 됩니다. 다른 부모들보다 신경을 덜 써도 훨씬 수월하게 아이를 기를 수 있습니다.

엄마의 심장박동 소리

아이가 태중에 있을 때 부모의 행동은 아이의 성장에 중요한 영향을 미칩니다. 태아는 2개월이 되면 생명체가 갖는 본능적인 감각을 모두 갖추게 됩니다. 이때부터 태아는 어머니의 감정을 정확하게 감지할 수 있습니다. 태아는 어머니의 심장박동 소리에 민감하게 반응하는데, 심장박동 소리가 왈츠처럼 경쾌하면 기분 좋은 반응을 보이고, 소나기처럼 쿵쿵거리면 움츠러듭니다. 우리가 쿵쿵짝 쿵쿵짝 하는 풍물소리를 들으면 저절로 어깨가 들썩여지는 것은 왜 그럴까요? 어머니 뱃속에 있을 때 삼박자 심장박동 소리를 많이 들었기 때문입니다.

안양에서 태교에 관해 교육하고 있는 제자 한 사람이 조사 연구한 내용을 보면 참 흥미롭습니다. 그는 400쌍의 부부를 대상으로 다음과 같은 교육을 실시했습니다. 남편들에게는 날마다 태아를 위해 찬송가나 노래를 한 곡씩 부르게 하고, 산모에게는 좋은 얘기나 성경말씀을 들려주도록 했습니다. 이때 산모는 눕고 남편은 산모의 배를 만져주면서 "아가야, 너를 위해 오늘 아빠가 이런 노래를 배웠단다. 좀 들어보련?" 하면서 노래를 불러주도록 했습니다. 그러자 남편의 행동에 기분이 좋아진 산모들의 심장박동이 왈츠처럼 경쾌하게 뛰었고, 뱃속의 태아들도 편안한 기분이 느껴지는지 움직임이 활발해졌습니다. 남편이 부인의 배에 손을 대는 순간 400쌍 중 380쌍의 태아들에게서 힘차게 움직이는 현상이 감지되었습니다.

미국의 한 서커스단은 돈을 벌기 위해 희한하게 생긴 사람을 데리고 다녔다고 합니다. 생긴 모습이 영락없이 고양이 같은 사람이었습니다. 이 사람을 보려고 많은 사람들이 몰려들었습니다. 나중에는 인권 문제 시비가 일어서 그만두었지만, 이 사람은 사람 모양이라기보다는 고양이 모양에 더 가까웠다고 하니 놀라운 일이 아닐 수 없습니다. 이 고양이 인간의 출산에 얽힌 비화입니다.

고양이 인간의 어머니가 그를 임신하고 있던 어느 날, 석탄난로에 불을 지피고 있는데 옆에서 고양이가 신경질적으로 계속 울어댔습니다. 내쫓아도 보고 호통도 쳐보았지만 고양이는 꿈쩍도 하지 않았습니다. 임신 중이라 신경이 날카롭게 곤두서 있던 그의 어머니는 들고 있던 쇠꼬챙이로 고양이의 머리를 내리쳤습니다. 순식간에 일어난 일이었습니다. 벌겋게 달군 쇠꼬챙이에 맞아 고통스럽게 죽어가면서 고양이는 원망스럽다는 듯 그녀를 바라다보았습니다. 그것을 보고 그녀는 그 자리에서 기절해버리고 말았습니다. 이후로도 그녀는 고통스럽고 원망스러운 표정으로 죽어가던 고양이의 얼굴이 떠오를 때마다 기절을 거듭했습니다. 그 와중에 태어난 아이가 바로 그 '고양이 인간'이었습니다.

태교와 긍정적인 자아상

행복한 부부생활을 영위하는 임부는 항상 경쾌한 삼박자의 심장박동을 유지하는데, 태아는 이런 상태에서 가장 큰 안정감을 느낀다고 합니다. 태아는 심박동 소리가 규칙적으로 들려오면 춤을 추는데 흔히들 이런 상태를 "태아가 논다"는 말로 표현합니다. 태아는 이때 춤을 출 뿐만 아니라 최적의 영양분을 모체로부터 섭취합니다. 또한 이때 어머니의 강한 사랑의 파장이 여과없이 그대로 태아에게 전달됩니다. 태아 시절에 어머니의 심장이 연주하는 왈츠소리를 들으며 최고의 영양을 섭취하면서 자란 태아는 태어나서 먹는 것이 좀 부실해도 건강합니다. 그러므로 임신기간에 형편상 양질의 영양분을 섭취하지 못하더라도 항상 좋은 기분을 유지할 수 있다면 태아에게 최적의 환경을 제공해주는 것이 됩니다.

태중에 있을 때 춤을 잘 추고(놀고) 영양을 잘 섭취한 아이의 특징은 머리가 크다는 것입니다. 보통 아이들보다 훨씬 큰 뇌를 갖고 있다는 것은 남다른 정신력을 갖고 태어난다는 뜻입니다. 인간의 뇌는 어머니의 뱃속에 있을 때 결정되기 때문에 태어난 다음에 키울 수 없습니다.

반면 불행한 결혼생활 가운데 임신한 어머니의 심장박동 소리는 항상 불규칙한 다박자입니다. 특히 부부싸움을 할 때는 마치 벼락을 치는 것 같은 소리를 내며 급하게 뛰기 때문에 태아가 바짝 긴장을 하게 됩니다. 태아는 기가 꺾여서 몸을 조그맣게 움츠린 채 숨조차 제대로 쉬지 못합니다. 이런 상태로 태아가 5,6시간 동안 움직이지 않고 있으면 심각한 결과를 초래할 수도 있습니다. 언젠가 TV로 임부가 깜짝 놀라자 태아도 놀라서 움츠리는 장면을 본 적이 있습니다.

어머니 뱃속에서 많이 놀라본 아이, 즉 충격을 많이 받은 아이는 태어나서 대인공포증을 갖게 되고 심한 경우에는 자폐증이 되어버립니다. 또 신체적인 이상이 오기도 쉽습니다. 뿐만 아니라 임부의 심박동이 늘 벼락치는 소리를 내면 모체로부터 태아에게 독소가 흘러들어 갑니다. 증상이 심한 경우엔 태아가 사산될 수도 있습니다. 그러므로 임산부는 항상 감사와 사랑, 믿음과 소망의 마음가짐을 유지하도록 노력해야 합니다.

그런 점에서 선조들의 태교는 우리에게 훌륭한 교훈을 제공해줍니다. 선조들은 아이를 가졌을 때 이상한 것은 먹지도 않고 보지도 않았습니다. 마음을 맑게 유지하기 위해서였습니다. 선조들의 이런 몸가짐에서 배워야 할 것이 너무나 많습니다.

자식을 길러본 사람이라면 같은 자식이라도 첫째 아이와 둘째 아이가 많이 다르다는 사실을 알고 있을 것입니다. 이것도 태교와 무관하지 않은데, 태교에 따라서 아이의 성품이 달라지기 때문입니다. 다음은 두 아이를 둔 한 가정의 예입니다.

첫아이는 어릴 때부터 사람을 잘 따르고 붙임성이 있었는데, 둘째 아이는 낯을 심하게 가리고 다른 사람과 어울리기를 싫어했습니다. 아이들의 이런 성향은 커서도 바뀌지 않았습니다. 큰아이는 성품이 밝고 활달한 반면 작은아이는 차갑고 어두운 성품에다 대인관계도 별로 좋지 않았습니다. 큰아이를 임신할 무렵에는 부부 사이가 무척 좋아서 태교에도 많은 신경을 썼지만, 작은아이를 임신할 무렵에는 부부 사이가 극도로 나빠져서 임신 그 자체도 그리 달갑게 여기지 않았고 태교에도 거의 신경을 쓰지 않았습니다.

이런 경우 작은아이는 어둡고 부정적인 자아상을 갖고 태어났을 확률이 높습니다. 하지만 어두운 자아상을 갖고 태어난 아이라 해도 부모의 노력 여하에 따라 얼마든지 긍정적인 자아상을 갖게 할 수 있습니다. 이미 고착되어버린 부분은 어떻게 할 수 없다고 해도 좀더 긍정적인 성품으로 변화될 수는 있습니다.

한 살짜리의 기도

생후 1년은 자아상을 형성하는 데 대단히 중요한 시기입니다. 이 시기는 특히 신앙관의 형성에 결정적인 영향을 미칩니다. 이 시기에 적절한 보살핌과 사랑을 주면 성장한 뒤에도 신앙생활을 역동적으로 하게 됩니다. 이 시기에 형성된 자아상이 기도생활에 어떤 영향을 미치는지 예를 들어보겠습니다.

어떤 사람은 '내가 기도하면 하나님이 분명히 들어주실 거야'라는 확신에 차서 기도에 매달립니다. 이런 사람은 반드시 기도의 응답을 받게 됩니다. 인간에게는 어떤 일이 이루어질 거라고 굳게 믿을 때 그 일이 성취되는 신비한 능력이 있습니다. 예를 들어, '나는 무슨 일이 있어도 꼭 억대 부자가 되겠어!'라는 전적인 확신을 가지고 열심히 창의적으로 노력하는 사람은 실제로 억대 부자가 될 가능성이 많은 것입니다. 아마도 모든 관심의 초점이 돈을 버는 데 맞추어져 있어서 다른 사람들보다 먼저 돈 버는 방법을 발견하는 것이기 때문일 것입니다.

어떤 목적을 세우고 그에 집착하면 모든 정신적·영적 감각이 그 목적을 이루는 방면으로 발달되는 것이 인간의 특성입니다. 즉, 인간은 마음 먹은 대로 뭔가를 이루어내는 존재입니다. 신앙적인 용어로 이것을 '믿음'이라고 합니다. 지금은 아무것도 없는 것 같지만 믿고 기도하고 확신하면 결국은 하나의 사건으로 나타나게 되는 것이 믿음입니다. 히브리서에서도 '믿음은 바라는 것들의 실상'이라고 말하지 않았습니까!

반면에 반신반의하면서 기도하는 사람의 기도는 절대로 응답되지 않습니다. 이런 사람은 입에 발린 기도만 하기 쉬운데, 심리적으로 자아상의 바탕이 잘못되어 있기 때문에 그렇습니다. 끊임없이 의심하면서 입술로만 하는 기도가 제대로 이루어질 리 없습니다.

기도에 임하는 태도가 이처럼 개인에 따라서 각각 다른데, 이는 대체로 생후 1년까지의 성장과정에서 겪은 경험이 각각 다르기 때문입니다. 생후 1년은 말도 하지 못하고 제대로 걷지도 못하는 시기입니다. 그런데 이 시기에 형성된 자아상이 인생을 결정짓는 중요한 요소가 되는 것은, 바로 이 시기에 기도에 대한 태도를 배우기 때문입니다.

아이는 태어날 때부터 울음으로 자신의 의사를 표시합니다. "엄마 배고파 젖 줘", "똥 쌌으니까 치워줘", "심심하니까 업어줘" 등등 수많은 얘기를 울음으로 대신합니다. 이 울음소리가 바로 아이가 드리는 기도입니다. 어머니라는 하나님을 향해, "하나님, 내게 일용할 양식을 빨리 주십시오. 배가 고픕니다"라고 기도하는 것입니다.

기도(울음)를 드리고 난 후 조금 있으면 그 응답이 주어집니다. 어머니는 그 소리를 듣고 젖을 주든지, 엉덩이를 깨운하게 닦아주든지, 둥둥 얼러주든지 합니다. 이런 체험이 쌓여가면서 아이는 더욱 열심히 기도하게 됩니다. 그리고 그때마다 기도의 응답이 주어집니다. 은연중에 아이의 마음속에 기도만 하면 이루어진다는 자아상이 형성됩니다.

울 때마다 반응이 온다면, 즉 기도할 때마다 응답이 주어진다면 아이는 아주 강력한 믿음을 갖게 됩니다. 아이가 똥을 싸 놓고 얼굴을 찡그리며 우는 행위는 "주여, 똥 싸서 불편하니까 빨리 기저귀 갈아주세요"라는 기도이기 때문입니다. 이때 어머니가 엉덩이를 들고 젖은 기저귀를 보송보송한 새 기저귀로 갈아주면 아이는 기분 좋게 잠이 듭니다. 이 아이의 마음속에서 '아, 내가 어려움에 처했을 때 도와달라고 기도하니까 곧 해결해주시는 손길이 있구나!' 라는 믿음의 자아상이 형성되는 것입니다.

기도의 타이밍

어느 농부의 가정에 아이가 태어났습니다. 농번기가 되자 내외는 젖먹이 아이를 방에 홀로 뉘어놓고 들로 나갔습니다. 내외는 아이가 밖으로 기어나가지 못하도록 끈으로 묶어놓았습니다. 그리고 점심 때 잠깐 집에 들러 아이에게 젖을 물리고는 다시 황급히 들로 나가는 일을 반복했습니다. 방에 혼자 남겨진 어린 젖먹이는 끈에 매달린 채 방안을 헤매면서 울고 또 울었습니다. 그러나 아무리 울어도 홀로 남겨진 아이에게 관심을 보여주는 이는 아무도 없었습니다. 이렇게 자란 아이의 마음속에 어떤 자아상이 자리잡게 될까요?

반대의 경우입니다. 어느 삼대독자가 결혼한 지 10년 만에 아들을 보았습니다. 아이는 온 집안 식구의 관심 속에서 금이야 옥이야 애지중지 키워졌습니다. 어머니는 잠시도 아이의 얼굴에서 눈을 떼지 못했습니다. 젖을 먹고 잠든 아이가 좀 오래 잔다 싶으면 금세 불안해집니다.

'시간이 됐는데도 왜 젖 달라고 울지 않는 걸까?'

어머니는 아이가 울기도 전에 젖꼭지를 아이 입에 물려줍니다.

이런 행위는 어머니 쪽에서야 사랑이지만 아이 쪽에서는 황당하기 짝이 없는 일입니다. 달란 적도(기도한 적도) 없는데 필요한 것이 다 채워질 뿐만 아니라 넘쳐서 귀찮을 정도입니다. 이렇게 자란 아이의 마음속에는 게으름이라는 자아상이 형성됩니다. 울지 않아도 먹을 것이 들어오고 기저귀가 갈아채워지는데 기도할 필요가 없는 것입니다. 그러므로 아이들에게 기도할(우는) 시간을 주는 것은 중요한 일입니다. 갓 태어난 아이에게도 반드시 1분 정도는 우는(기도할) 시간을 주어야 합니다. 1,2분 정도 울리고 난 뒤에 젖을 주어야 아이한테 '아, 내가 기도하면 응답이 오는구나!' 라는 믿음의 자아상을 심어줄 수 있는 것입니다.

사다리 이론

당신은 행복한 부모입니까, 아니면 흔들리는 부모입니까? 아이한테는 부모가 하늘입니다. 따라서 아이들에게 부모의 불화는 하늘이 흔들리는 심각한 사건입니다. 아무리 좋은 자아상을 가지고 태어난 아이라도 부모가 심하게 싸우는 상황에서 자란다면 자아상에 치명적인 상처를 입게 됩니다.

내적 치유 그룹에 들어온 사람들에게 기본적으로 묻는 질문이 하나 있습니다. "부모님의 관계는 어떠했느냐?"는 것입니다. 순차적으로

"당신을 임신하던 날(무렵) 부모의 잠자리 상황은 어떠했는가?" "어떤 태교를 받았는가?" "생후 1년이 될 때까지 어떤 양육을 받았는가?"라고 질문해야겠지만, 당사자들이 이 부분을 알 수 없으므로 기억할 수 있는 어린 시절 부모의 관계에 대해 묻는 것입니다. 이것만 가지고도 구부러진 자아상을 어느 정도 치유할 수 있습니다. 어린 시절 부모로부터 얼마나 헌신적인 양육을 받았는가, 또는 부모로부터 어떤 나쁜 영향을 받았는가에 대해 들어보면 대체로 그 사람이 지니고 있는 자아상의 상태를 짐작할 수 있습니다.

플라톤은 똑같은 조건에서 공부를 해도 월등히 우수한 학생과 처지는 학생이 있다는 사실에 주목했습니다. 플라톤은 '부모 관계'에서 그 원인을 찾았습니다. 이 대학자는 이미 2천여 년 전에 인성형성의 비밀을 발견했던 것입니다. 그는 '사다리 이론'으로 부모 관계가 아이들에게 미치는 영향에 대해 설명했습니다.

그림(1)

그림(1)은 한 가정을 나타냅니다. 집을 받치고 있는 양쪽 기둥은 부모이며 양 기둥 사이에 사랑의 사다리가 걸려 있습니다. 부부가 서로를 존중하고 사랑하고 이해하기 때문에 이들 사이에 걸려 있는 사다리는 아주 견고합니다. 아이들은 이 사랑의 사다리를 오르내리며 부모의 품 안에서 자라납니다. 어머니, 아버지의 사다리가 튼튼하면 이를 타고 자라는 아이들의 자아상도 아주 튼튼하고 건강합니다.

그림(2)

그림(2)도 역시 한 가정을 나타냅니다. 양쪽 기둥 역시 부모를 나타냅니다. 그런데 그림을 자세히 보면 엄마 기둥은 똑바른데 아빠 기둥이 흔들리고 있습니다. 이 사다리 그림은 아버지가 건전하지 못한 집안을 나타냅니다. 이 때문에 부부가 자주 싸우고 불화를 겪게 됩니다. 이들 사이에 놓인 사다리도 위태롭기 짝이 없습니다. 하지만 이 집안의 아이들은 이 사다리를 타면서 성장할 수밖에 없습니다.

사랑의 사다리

두 그림의 결과를 상상해보십시오. 그림(1)의 아이들은 튼튼한 사다리를 오르내리며 건강한 자아상을 키워갑니다. 반면에 그림(2)의 아이들은 위태롭게 흔들리는 사다리를 오르내리며 불안정한 자아상을 형성해갑니다. 항상 불안하고 무섭다는 생각이 이들을 지배합니다. 이들의 정신과 영(靈), 몸은 활발하게 움직이지 못하고 정지된 상태에 놓여 있습니다. 심한 경우 사다리 밑으로 추락할 수도 있습니다. 사다리에서 떨어진 아이는 깨진 그릇처럼 자아상에 심각한 손상을 입게 됩니다. 이것이 반복되면 자아상이 아예 산산조각 나버리기도 합니다.

자아상이 완전히 부서져버리면 정신병원밖에 갈 곳이 없습니다. 아무것도 담을 수 없는 그릇(자아상)이 되었기 때문입니다. 그런데 금이 좀 갔더라도 아직 뭔가 담을 수 있는 자아상이라면 노력여하에 따라서 사용하는데 불편하지 않을 만큼은 치유될 수 있습니다. 때로 치유를 통해 회복된 자아상이 아무 상처도 받지 않은 자아상보다 훨씬 단단해지기도 합니다.

금이 간 자아상을 가진 사람은 어떤 일을 시도해도 이루어내기가 힘이 듭니다. 예를 들어 책을 아무리 많이 읽어도 흥미가 생기지 않고 머릿속에 저장되지 않습니다. 따라서 공부를 효율적으로 할 수 없습니다. 이런 사람은 반드시 자아상을 치유받아야 합니다. 하지만 어떤 경우에도 한 번 망가진 자아상을 완벽한 상태로 되돌릴 수는 없습니다.

결과적으로 그림(1)의 아이들은 성인이 되어서도 마음껏 인생을 즐기고 안정을 누릴 수 있지만, 그림(2)의 아이들은 성인이 되었을 때 불안정한 자아상에 끌려다니며 불행한 인생을 살기 쉽다는 사실을 나타냅니다.

당신의 부모가 만들어준 사랑의 사다리는 튼튼합니까, 아니면 흔들리는 것입니까? 점수를 매긴다면 몇 점이나 되겠습니까? 흔들리는 사다리를 타고 성장했다면 어떤 상처를 받았습니까? 성장 과정에서 받은 상처는 일생 동안 절대로 지워지지 않습니다.

부부싸움은 지혜롭게

나도 어린 시절에 자아상에 많은 상처를 입으면서 자랐습니다. 부부싸움을 할 때마다 어머니는 집을 나갔습니다. 그럴 때마다 형과 나는 집을 나간 어머니를 찾아서 온 동네를 헤매고 다녔습니다. 우리 형제가 "어매~어매~" 하고 울면서 어머니를 찾아다니던 기억이 지금도 어제 일처럼 생생합니다. 그 장면이 떠오를 때마다 가슴속 깊이 슬픔이 밀려옵니다. 마을을 헤매고 다니다 마침내 어머니를 발견했을 때 느꼈던 그 처절함과 안도감이 상금도 전해져 오는 것 같습니다.

이런 사건이 반복되면서 어린 우리 형제의 가슴속에 한이 쌓여갔습니다.

"우리는 장개(장가) 가면 절대 싸우지 말자!"

그때마다 우리 형제는 서로에게 이렇게 다짐 하곤 했습니다. 어머니를 잃어버릴지도 모른다는 공포감과 슬픔이 마음을 짓눌렀기 때문에 우리 형제의 뇌리 속에는 '부부는 절대로 싸우면 안 된다'는 생각이 철심처럼 박혀버렸습니다. 우리 형제에게 있어서 부부싸움은 절대적인 금기사항이 되었습니다.

"무조건 부부싸움은 피해야 한다!"

시간이 흘러 형과 나 모두 결혼을 하게 되었습니다. 그리고 우리는 어린 시절의 다짐대로 어떤 경우에도 부부싸움을 피하려고 애를 썼습니다. 하지만 한쪽에서 아무리 싸우지 않으려고 해도 상대가 하려들면 어쩔 수 없는 것이 부부싸움입니다.

반대로 정이 아주 떨어져버려도 부부싸움을 못하게 됩니다. 그러므로 부부싸움 자체가 나쁜 것이 아니라 싸움의 방법이 문제입니다. 그래서 일 년에 한 번은 제대로 된 부부싸움을 해야 부부생활이 원만하다고 주장하는 학자들도 있습니다.

그들은 부부싸움을 자동차의 윤활유에 비교합니다. 뻑뻑해진 엔진에 기름을 치면 잘 달리는 것처럼 건강한 부부싸움이 부부관계를 더욱 밀착시킨다고 주장합니다. 부부싸움을 전혀 하지 않는 부부에게는 일부러 싸움거리를 만들어 싸워보라고 충고하기도 합니다. 이들의 주장에 전적으로 동의하는 것은 아니지만, 지혜로운 부부싸움이 부부생활에 긍정적인 효과가 있다는 데에는 전적으로 동의합니다.

부부싸움의 공식

부부싸움에도 '사랑싸움'이 있다는 사실을 몰랐던 나는 어린 시절의 기억 때문에 무조건 부부싸움을 피하려고만 했습니다. 그래서 집사람이 싸움을 걸어온다 싶으면 얼른 집을 나가버리곤 했습니다. 집을 나가는 것이 부부싸움을 피하는 내 나름의 방법이었습니다. 하지만 언제까지나 그 방법이 통할리는 없었습니다.

비가 억수같이 쏟아지던 어느 날, 무슨 일로 화가 났는지 아내가 내게 싸움을 걸어왔습니다. 무섭게 쏟아지는 비 때문에 밖으로 나가지도 못한 나는 싸움을 피해야겠다는 생각에 얼른 몸을 돌렸습니다. 그러자 아내가 왜 돌아서느냐며 나를 확 밀쳤습니다. 아내의 갑작스런 기습에 나는 중심을 잃고 벌렁 뒤로 나자빠졌습니다. 순간 그동안 싸우지 않으려고 무진 애를 써왔던 나의 자제력의 줄이 끊어지는 것을 느꼈습니다. 나는 벌떡 일어나서 "어디 하늘 같은 남편을 밀쳐!"라고 소리치며 아내를 힘껏 밀쳐버렸습니다.

나의 반격에 뒤로 나가떨어진 아내가 다시 일어나서 사납게 덤벼들었습니다. 밀고 밀치는 육탄전이 전개되었습니다. 이제 두 사람 모두에게 이성 같은 건 남아 있지 않았습니다. 참으로 목불인견(目不忍見)의 싸움이 계속되었습니다. 그날 우리 부부는 세찬 빗줄기를 반주 삼아 절대로 넘어서는 안 될 부부싸움의 선을 넘고 말았습니다.

죽기살기로 싸움에 몰입해 있을 때 뭔가가 내 다리를 자꾸 건드리는 느낌이 들었습니다. 귀찮아서 몇 번 털어버리다가 문득 이상한 생각이 들어 내려다보니, 세 살짜리 딸아이가 새파랗게 질린 얼굴을 해가지고 온 몸으로 내 다리를 붙들고 있었습니다.

아, 그때 나를 바라보던 딸아이의 눈빛을 아마도 평생 잊지 못할 것입니다. 딸아이의 얼굴은 새파랗게 질리다 못해 검게 변해 있었습니다. 평소 그렇게도 잘 조잘대고 명랑하던 아이가 얼마나 놀랬는지 입만 벙긋거리며 아무런 말소리도 내지 못하고 있었습니다. 아이의 입에서 겨우 "아… 싸…"라는 소리가 흘러나오고 있었습니다. 아마 딸아이는 "아빠, 싸우지마!"라는 말을 하고 싶었나봅니다. 내가 멈칫하고 있는 동안, 딸아이는 다시 제 엄마에게 달려가 "엄… 싸…" 하면서 말리는 시늉을 했습니다. 딸아이의 그 소리가 내 귀에 천둥소리처럼 크게 들려왔습니다.

"엄마, 아빠, 싸우지 마. 나 무서워!"

순간 내 어린 시절의 기억이 눈앞을 스쳐 지나갔고, 형의 손을 잡고 동네방네 헤매고 다니며 어머니를 부르던 내 모습이 딸아이의 얼굴에 겹쳤습니다. 그때의 외로움이, 그때의 두려움이 가슴 가득 밀려왔습니다. 나는 딸아이를 끌어안은 채 엉엉 울어버리고 말았습니다.

"미안하다, 슬기야. 아빠가 잘못했어. 이젠 싸우지 않을 테니까 아빠를 용서해다오."

자기를 끌어안고 통곡하는 아빠를 보고서 그제야 안심이 되었는지 딸아이는 조그만 주먹으로 내 가슴을 톡톡 치며 말했습니다.

"아빠 나빠, 아빠 나빠…"

그 일 이후로 우리 부부는 아이들 보는 앞에서는 절대로 싸우지 않았습니다. 싸울 일이 있으면 밖으로 나가든지 아이들이 집에 없을 때를 골라서 싸웠습니다. 그날의 싸움을 통해 우리 부부는 싸움을 하되 지혜롭게 해야 한다는 것을 배웠습니다. 부모의 부부싸움은 아이들의 사다리를 위협하는 사건이므로 가능한 한 아이들이 없는 곳에서 하는 것이 좋습니다. 부득이한 경우에는, 현명하게 부부싸움 하는 법을 배워야 합니다.

그때 놀라서 까맣게 변해버린 아이의 얼굴을 못내 잊지 못하던 나는 시집 보내기 전날 딸에게 용서를 빌었습니다.

"세 살바기 어린 너의 마음에 큰 상처를 주어 미안하다. 아빠를 용서해줄 수 있겠니?"

"용서라니요, 아빠! 저는 전혀 생각도 안 나는데요. 전 아빠가 이렇게 잘 키워주신 것이 고마울 뿐이에요."

딸아이가 내 품에 안겨서 소리 없이 울었습니다.

11. 자녀에게 건강한 자아상 물려주기

　한 나무꾼이 산에서 나무를 하다가 날이 저물었습니다. 부지런히 산을 내려오던 나무꾼의 귀에 어디선가 시끌벅적하게 떠드는 소리가 들려왔습니다. 나무꾼이 그쪽으로 다가가보니 허물어진 큰 기와집 안에 도깨비들이 모여서 축제를 벌이고 있었습니다. 나무꾼이 숨어서 바라보고 있는 줄도 모르고 도깨비들은 이상하게 생긴 방망이로 땅바닥을 내려치며 말했습니다. "밥 나와라 뚝딱!" 그러자 금세 잘 차려진 밥상이 나타났습니다. 음식을 먹으면서 한참을 놀던 도깨비들이 방망이를 놓아두고 어디론가 우르르 몰려나갔습니다. 도깨비들이 멀리 사라진 것을 확인한 나무꾼은 얼른 방망이를 훔쳐서 도망쳤습니다.
　집에 돌아온 나무꾼은 훔쳐온 도깨비방망이를 땅에 내려치면서, "쌀 나와라 뚝딱!" 하고 외쳤습니다. 그러자 정말로 항아리에 쌀이 가득 찼습니다. 이 쌀로 밥을 배불리 해먹은 나무꾼이 동네 사람들을 모두 불러 잔치를 열었습니다.

왕회장의 도깨비방망이

내 어린 시절에는 밥을 실컷 먹게 해준다는 도깨비방망이 이야기가 참 많았습니다. 너무나 가난했던 시절이어서 쌀밥 한번 실컷 먹어보는 게 평생 꿈인 사람도 많았습니다. 그 시절에는 돈이 아니라 쌀이 필요했습니다. 돈이 있어도 쌀을 살 수 없었으니까요.

나도 도깨비방망이를 하나 갖고 싶었습니다. 그때는 정말로 도깨비방망이가 있는 줄 알았는데, 요즘 아이들은 영리해서 그렇게 생각하는 아이가 없는 것 같습니다. 그런데 이 황당해보이는 도깨비방망이가 현대에도 엄연히 존재한다면 믿으시겠습니까? 그것도 현대과학이 증명해준 도깨비방망이가 말입니다.

현대그룹의 왕회장은 살아생전에 소 1,000마리를 북한에 보내고 대신 5백만 마리 값을 벌어들였다고 합니다. 어떻게 해서 이런 계산이 나왔을까요? 텔레비전 광고에 그 비밀이 숨어 있습니다. 요즘 잘나가는 광고 모델의 텔레비전 광고 출연료가 1억 원 정도라고 합니다. 물론 이보다 훨씬 더 많이 받는 광고 모델도 있겠지요.

소 1,000마리를 북한으로 몰고 가는 정주영씨의 모습이 전세계의 방송망을 통해 자세히 보도되었습니다. 50년 동안 오가지 못했던 길을 소 1,000마리로 뚫고 유유히 넘어가는 정 씨의 모습을 전세계의 매스컴이 휴머니즘이라는 수식어를 붙여가며 시시각각으로 보도했습니다. 그때마다 그가 총수로 있는 현대그룹의 인지도도 따라서 껑충껑충 뛰었습니다. 돈 한푼 안들이고 전세계에 기업 이미지를 홍보한 것입니다. 이 광고 효과를 돈으로 계산해보니 소 5백만 마리의 값이 되었다고 합니다. 이밖에도 이것을 통해서 정주영 회장이 벌어들인 유형, 무형의 소득이 엄청났으니 이것이 바로 현대판 도깨비방망이가 아니고 무엇이겠습니까? 정 회장은 소 1,000마리로 도깨비방망이를 두드렸던 것입니다.

성령의 방망이

20세기 최고의 부흥사 무디 목사에 얽힌 얘기입니다. 그는 초등학교를 중퇴한 무식하고 가난한 청년이었습니다. 미국이라는 거대한 자본주의 사회에서 이 무식하고 가난한 청년이 차지할 수 있는 영역은 거의 없었습니다. 그런 그가 한 사람을 만나면서 세계적인 부흥사가 되었습니다. 그가 만난 사람은 바로 예수님이었습니다.

18세의 구두수선공 무디는 우연히 시카고교회에서 열린 부흥회에 참석했다가 예수님을 만났습니다. 그때부터 무디는 거리로 나가 예수의 복음을 전하기 시작했습니다. 이상하게도 그가 거리에 나타나면 우울증 환자들과 마약 환자, 알코올 중독자들이 수백 명씩 몰려와서 그의 얘기를 듣곤 했습니다.

후일 무디는 목사가 되어 침체되어 있던 기독교를 깨우고 전세계의 갈급한 영혼들에게 생명의 복음을 전했습니다. 오늘날까지도 그의 업적과 신실했던 모습은 우리에게 큰 감동을 전해주고 있습니다. 무디는 '성령'이라는 도깨비방망이로 세상을 내리쳤던 것입니다.

록펠러의 십일조

한 사람이 십일조만으로 얼마나 많은 일을 할 수 있을까요? 미국의 전설적인 석유재벌 록펠러는 백만 평 대지에 12개의 대학을 세워 미국 사회에 헌납했습니다. 그 중 하나가 시카고대학입니다. 시카고대학은 한동안 동양학생들을 받지 않았기 때문에 하버드나 예일, 스탠포드 같은 대학에 비해 우리에게 잘 알려져 있지 않지만 미국에서는 명문 중 명문으로 통합니다.

설립한 지 100년 남짓한 기간에 52명의 노벨상 수상자를 배출했으며, 역시 노벨상을 수상한 교수가 29명이나 재직하는 학교가 바로 이 시카고대학입니다. 전세계 대학에서 노벨상 수상자를 가장 많이 보유하고 있는 것입니다. 나도 이 대학에 2년 동안 교환교수로 가 있는 동안 노벨상 수상자들을 많이 볼 수 있었습니다.

록펠러는 이 시카고대학을 비롯해서 12개의 종합대학과 4,928개의 교회를 지어서 하나님께 바쳤습니다. 이 모든 일을 십일조만으로 이루었다고 하니 그가 소유했던 부(富)가 어느 정도였는지 상상할 수가 없을 정도입니다. 그는 어느 곳에서 헌금 요청이 들어오면 반드시 다음과 같은 조건을 제시했다고 합니다.

"이 돈은 나의 돈이 아닙니다. 그러니 이 건물 어디에도 내 이름을 쓰거나 헌금해서 지었다는 얘기는 쓰지 마십시오."

이런 그의 고집 때문에 지금까지도 그의 이름이 붙어 있는 학교나 교회는 한 군데도 없습니다.

그가 86세 때 그의 사랑하는 아내가 먼저 하늘의 부르심을 받았습니다. 록펠러는 먼저 간 아내를 기념하기 위해 시카고대학 구내에 시카고교회를 지어서 하나님께 바쳤습니다. 이 교회의 헌당식에 참석한 86세의 록펠러에게「시카고 트리뷴」지의 경제부 기자가 물었습니다.

"록펠러 씨, 당신은 지금까지 26년 동안 세계 제일의 부를 누리고 계신데, 그 비결이 무엇입니까?"

"나는 우리 부모님으로부터 엄청난 유산을 물려받았습니다."

기자가 호기심 어린 눈빛으로 다시 물었습니다.

"어떤 유산이었습니까?"

"내가 여섯 살이 되었을 때 부모님이 내게 말씀하셨어요. '지금까지는 우리가 너를 데리고 교회에 다녔다. 그러나 이제부터는 너 혼자서 다니도록 해라. 그리고 지금부터는 일주일에 20센트씩 용돈을 줄 테니 알아서 하도록 해라. 이 돈은 네가 하루에 다 쓸 수도 있고 일주일 동안 나눠 쓸 수도 있다.' 그때 너무나 기뻐서 냉큼 돈을 받아 주머니에 넣으려 하자 어머니가 내 손을 붙잡으면서 물었습니다. '얘야, 네가 받은 20센트 가운데 십 분의 일은 누구 거지?'

'하나님 거예요.' '그럼 오늘 교회에 가서 그것을 하나님께 드리거라.' 나는 그때부터 지금까지 십일조 할 기회를 한 번도 놓친 적이 없습니다. 이것이 바로 내 성공의 비결입니다. 나는 부모님께 물질적으로는 거의 물려받은 것이 없습니다. 가난한 농부였으니까요. 하지만 그분들은 내게 돈대신 세계 제일의 부자가 될 수 있는 정신적인 유산을 물려주셨습니다."

소득이 적을 때는 십일조 내는 일이 그리 어렵지 않습니다. 하지만 세계 최고의 갑부가 되어서 십일조를 드리는 일은 결코 쉬운 일이 아닙니다. 하지만 록펠러는 평생 동안 십일조를 한 번도 떼어먹지 않았습니다. 그는 십일조를 계산하기 위해 회사 내에 십일조 부서를 따로 두고 40명의 직원들을 채용하여 십일조만 계산하게 했다고 합니다. 그의 말에 기자가 이해할 수 없다는 표정으로 되물었습니다.

"이해가 가지 않는군요. 미국에는 당신 같은 사업가가 무수히 많은데, 그들이 사업을 해서 번 돈을 한 푼도 쓰지 않고 재투자해도 사업이 잘 되지 않는 경우가 많습니다. 그런데 당신의 말대로라면 수익의 십분의 일을 하나님께 드리고서도 계속해서 세계 제일의 부를 누릴 수 있었다는 말 아닙니까?"

"그건 하나님의 경제학을 몰라서 하는 말입니다. 기자 선생 말대로 미국에는 무수히 많은 기업과 무수히 많은 사업가들이 있습니다. 그들 모두 나와 똑같은 환경과 조건 아래서 사업을 시작했지요. 하지만 그들은 불과 3년 후도 내다보지 못했습니다. 하지만 나는 30년 후를 내다볼 수 있었습니다. 한번 생각해보세요. 3년 앞도 내다보지 못하는 사람과 30년 앞을 내다보는 사람 중에서 어떤 사람이 사업을 더 잘하겠습니까?"

영이 보는 세계

좀 교만하게 들릴 수도 있겠지만 록펠러의 말은 사실이었습니다. 어떻게 해서 그는 다른 사람이 3년 앞도 내다보지 못하는 미래를 30년씩이나 미리 내다볼 수 있었을까요? 대답은 간단합니다. 그는 영안을 뜬 사람이었습니다. 그러니까 30년 앞을 내다볼 수 있었다는 그의 말은 교만이 아닙니다. 하나님의 선물을 다른 말로 표현한 것이지요. 영안이 뜨인 그는 다른 기업가들이 도저히 볼 수 없는 것들을 볼 수 있었고, 수십 년 후에 일어날 현상까지도 예측할 수 있었습니다.

우리 안에는 하나님의 형상, 즉 하나님을 닮은 형상이 내재해 있습니다. 그것을 우리는 '영'이라고도 하고 '혼'이라고도 합니다. 이 영(혼)도 눈을 가지고 있습니다. 그러나 우리 육신이 갖고 있는 눈과는 아주 다른 눈입니다. 시공간을 초월하여 모든 사물의 이면과 현상을 바라다볼 수 있는 눈인데, 하나님은 태초부터 우리 안에 이 영을 넣어 주셨습니다. 그런데도 대부분의 사람들이 이것을 알지 못하고 육신의 눈이 볼 수 있는 한정된 현상 세계에만 시선을 고정시킨 채로 살아갑니다. 그러나 영의 눈이 뜨이면 록펠러처럼 상상할 수 없는 세계를 바라볼 수 있습니다.

이 놀라운 영의 주인은 물론 그 영을 창조하신 하나님이십니다. 그러므로 먼저 하나님을 만나야 영의 눈을 뜰 수 있습니다. 영의 눈을 떠야 앞길도 헤아리고 기적도 볼 수 있습니다. 록펠러도 하나님의 뜻을 따라 살다가 영의 눈이 떠져서 세계 제일의 부자가 된 것입니다.

이것이 바로 현대의 도깨비 방망입니다. 도깨비방망이는 옛날 이야기에나 나오는 전설 속의 물건이 아닙니다. 옛날 이야기 속의 도깨비 방망이는 겨우 밥 같은 걸 해결했지만, 현대의 도깨비방망이는 세계를 움직이는 힘을 갖고 있습니다. 지금도 수많은 사람들이 이 도깨비방망이를 두드려대고 있습니다. 그러나 인간의 지혜로 두드려대는 도깨비방망이는 잠시 번성하는 것 같아도 오래가지 못합니다. 성령이 역사하시는 도깨비방망이라야 진정한 기적의 방망이가 될 수 있습니다.

앞자리 앉기

다시 록펠러의 말입니다.

"세계 제일의 부자가 되는 두 번째 비결은 교회의 앞자리에 앉는 겁니다."

이 말에 기자가 다시 고개를 갸웃했습니다. 최근에야 이런 사실이 과학적으로 입증되었으니 록펠러가 이 말을 할 때는 그 스스로도 자신도 그 이유를 정확하게 몰랐을 것입니다. 하지만 그는 오랜 경험을 통해 교회의 앞자리가 갖는 능력을 느낄 수 있었을 것입니다.

그가 생전에 다니던 교회의 출석교인은 대략 800명쯤 되었다고 합니다. 그런데 매주 출석교인과 비슷한 숫자의 구경꾼들이 록펠러를 보기 위해 교회를 찾았습니다. 그래서 주일이면 항상 1,600명 정도의 사람들이 교회에 앉아 있곤 했습니다.

하지만 그 많은 구경꾼들이 다 그를 볼 수 있었던 것은 아닙니다. 그는 항상 40분 정도 일찍 나와서 맨 앞줄에 앉는 습관이 있었고 일단 한번 자리에 앉으면 예배가 끝날 때까지 움직이지 않았기 때문에 그를 찾아온 사람들은 그의 뒤통수밖에 볼 수 없었다고 합니다. 예배가 끝나고 나서도 그를 둘러싼 사람들 때문에 그의 얼굴을 좀처럼 보기 힘들었습니다.

어느 날 그를 취재하러 교회에 들른 한 기자가 이 점에 대해서 물었습니다.

"록펠러 씨는 왜 항상 일찍 교회에 나오십니까?"

"앞자리를 놓칠까봐서요."

그의 대답은 간단했습니다. 앞자리에 과연 어떤 비밀이 숨겨져 있기에 천하의 록펠러가 평생 동안 그 자리를 양보하지 않았던 것일까요? 실제로 그는 92세로 세상을 떠날 때까지 한 번도 앞자리를 양보하지 않았다고 합니다.

이 앞자리의 비밀은 현대 물리학의 공헌으로 요즘에야 밝혀지기 시작했습니다. 물리학자들의 연구에 따르면, 목사가 설교를 할 때, 특히 기도를 많이 하는 목사가 설교를 할 때는 그에게서 엄청난 영적 파장이 쏟아져나온다고 합니다. 이 영적 파장은 거리에 비례하기 때문에 앞자리에는 소나기처럼 강하게, 중간자리에는 보통으로, 뒷자리에는 이슬비처럼 약하게 전달된다고 합니다. 즉, 앞자리에 앉은 사람은 은혜의 소나기를 맞고 있어도 뒷자리에 앉은 사람은 이슬비 정도를 맞는 셈입니다.

영적 파장

사랑하는 마음으로 얘기를 하는 사람에게서는 엄청난 양의 영적 파장이 방출되는데, 이 파장에 가장 민감하게 반응하는 것이 나무라고 합니다. 집 안에 들여놓은 화분이나 나무에 정성을 들이지 않으면 곧 죽어버리는 것도 이런 이유 때문입니다. 식물들도 자기를 사랑하는 사람이 다가올 때는 춤을 추면서 기쁨의 파장을 쏟아내고, 자기를 괴롭히는 사람이 다가오면 두려움의 파장을 내보낸다고 합니다.

마인드 컨트롤 단체의 멤버들은 양파를 가지고 실험을 한다고 합니다. 두 개의 양파를 각각 컵에 담아서 하나는 시선이 닿지 않는 곳에, 하나는 늘 시선이 머무는 곳에 놓아둡니다. 그리고 가까이 놓아둔 양파를 향해 날마다 진심으로, "양파야, 너를 사랑한다"라고 말해줍니다. 두세 달 후 두 양파를 비교해보면 가까이 둔 양파가 보이지 않는 곳에 둔 양파보다 세 배 정도 더 크게 자라나는 것을 확인할 수 있습니다.

미국의 한 농부는 특별히 애착이 가는 농지에 가서 매일 기도를 드렸다고 합니다. 그런데 수확을 해 보니 그곳에서 다른 농지에 비해 몇 배나 많은 소출이 있었다고 합니다. 우울증환자들을 교회의 앞자리에 8개월 정도 계속 앉혀놓으니까 우울증이 깨끗이 나았다는 연구 결과도 있습니다. 말할 것도 없이 목사님의 소나기 같은 영적 파장의 세례를 맞았기 때문입니다.

영적 확대경

역시 록펠러의 말입니다.

"제가 세계에서 제일 가는 부자가 될 수 있었던 또 하나의 비결은 교회에서 순종하고 목사님의 마음을 아프게 하지 않았기 때문이라고 생각합니다."

그의 말대로 록펠러는 대부호이면서도 교회에서 결정한 일에는 언제나 순종하는 미덕을 보여주었고 목사의 마음을 아프게 하지 않으려고 애를 많이 썼습니다. 그의 말이 사실이라면, 그의 사업적 수완은 신앙에서 비롯된 것임이 분명합니다. 십일조, 앞자리 앉기, 순종, 목사에 대한 사랑이 그를 세계적인 대부호로 만든 원동력이 되었던 것입니다. 이런 것들이 어떻게 록펠러를 성공시켰을까 하고 의아해할 필요는 없습니다. 이런 행동을 통해 얻어진 자신감과 감사의 감정이 그의 전자 회전수를 무한정으로 높여감으로써 보통사람들과는 비교도 안 되는 높은 집중력을 갖게 되었기 때문입니다.

무엇보다 그에게는 모든 현상계의 이면을 꿰뚫어볼 수 있는 영안이 있었습니다. 다시 말해서 그는 미시적인 세계를 거시적으로 바라볼 수 있는 확대경을 갖고 있었던 것입니다. 말하자면 그는 돋보기로 태양열을 모아 태우는 방식으로 세상을 바라볼 줄 아는 시각을 가진 사람이었습니다. 다른 사람이 렌즈로 보는 세상을 확대경으로 바라볼 수 있다면 사업에서 성공하는 것은 간단한 일입니다. 우리가 순리대로 살 때, 세포의 전자 회전수가 증가되어 혈행이 좋아지고 에너지가 용솟음칩니다. 건강해진다는 말입니다.

록펠러의 부모는 사랑하는 아들에게 유형의 재산보다 더 풍부한 무형의 재산을 물려줌으로써 무한한 가능성의 세계를 열어주었습니다. 만일 그들이 아들에게 물질적인 부만 물려주었더라면 결코 '록펠러 신화'는 탄생하지 않았을 것입니다. 록펠러는 그의 부모로부터 물려받은 신앙의 훈련을 통하여 신실한 기독교인이자 세계 최고의 부호가 될 수 있었습니다.

이 도깨비방망이를 심리학적 용어로는 '자아상'이라고 부릅니다. 나는 이것을 '운전사' 또는 그릇(통)이라고 부릅니다. 이 운전사는 본인이 의지적으로 만들어낼 수 있는 것이 아니라 부모에 의해 만들어집니다.

모든 부모는 자식을 사랑하지만, 자식에게 좋은 영적 유산을 물려주는 부모는 흔치 않습니다. 불행을 초래케 하는 마음속 운전사나 살인자로 만드는 영적 유산을 물려주는 부모가 있는가 하면, 아주 행복하고 넉넉한 인생을 살아가도록 마음의 운전사를 물려주는 부모도 있습니다. 이것이 바로 진짜 '유산' 입니다. 당신은 부모로부터 어떤 유산을 물려받았습니까?

대학총장이 된 배꼽친구

모교인 한신대학교의 전 총장 중 한 사람은 나와는 둘도 없는 배꼽친구였습니다. 같은 섬에서 태어나 함께 자랐고, 함께 도시로 나와 공부하다가 나란히 신학교에 입학해서 목사가 되었습니다. 신학교를 졸업한 뒤에도 앞서거니 뒤서거니 하면서 미국으로 유학을 떠났고, 유학을 다녀와서는 함께 모교에서 교수로 재직하였습니다. 그와 조금 다른 점이 있다면 내가 그보다 조금 더 유복하게 자랐다는 것입니다.

무엇이 그 가난한 섬 소년의 자아상에 웅대한 꿈을 품게 하고 탁월한 리더십을 갖게 한 것일까요? 그의 어린 시절에 비밀의 열쇠가 있습니다. 내 친구도 당시의 섬 아이들이 그랬듯 태어나면서부터 가난이라는 굴레를 짊어지고 태어났습니다. 그에 비해 나는 경제적으로 훨씬 나은 가정에서 태어났습니다. 하지만 대학 총장을 지낼 수 있는 유산을 물려받은 사람은 내가 아니라 그 친구였습니다.

총장선출 방식은 먼저 교수단이 투표로 두 사람의 총장후보자를 선출하여 이사회에 올리면, 이사회는 이 중 한 사람을 선택하여 교단대표들로 구성된 총회에 올립니다. 총회에 오른 총장후보자는 3분의 2 이상의 동의를 얻어야 비로소 총장으로 추대됩니다. 이런 까다로운 과정을 통해서 친구의 리더십이 증명된 것입니다.

가난한 섬 소년이던 그 친구의 리더십은 어디에서 비롯되었을까요? 무서운 아버지 밑에서 주눅이 들어 살던 나에 비해 친구는 무식하고 가난했지만 정직하고 성실한 아버지의 사랑과 훈계 속에서 누구에게도 기죽지 않는 당당한 자아상을 형성해갔습니다.

친구의 아버지는 아들을 극진히 사랑했지만, 잘못을 저지르는 경우에는 매우 엄격하게 다스렸습니다. 매를 댈 때마다 그의 아버지는 친구에게 이렇게 말해주었습니다.

"너를 사랑하지만 너의 잘못은 용서할 수 없다. 그러니 매를 때리겠다."

그의 아버지는 막내아들인 그 친구가 공부에 재주가 있다는 사실을 알고 나서 입버릇처럼 그에게 말했습니다.

"네가 공부하겠다면 아버지는 다리가 부러지도록 일을 해서라도 너를 가르칠 것이다. 그러니 아무 염려 말고 열심히 공부하거라."

이런 아버지 밑에서 자란 친구는 학교(초등학교)에서도 가난한 집 아이답지 않게 늘 당당했습니다. 항상 자신감이 있었고, 누구와 싸워도 지지 않았으며 절대로 꿀리는 법이 없었습니다. 그는 어떠한 경쟁에도

밀리지 않을 만큼 대담한 구석이 있었는데, 아마도 그때 길러진 자신감 때문이었을 것입니다. 록펠러의 부모가 아들에게 세계 제일의 부자가 될 수 있는 유산(자아상)을 물려준 것처럼, 내 친구의 아버지도 아들에게 총장이 될 수 있는 유산을 물려준 것입니다.

"할렐루야, 여호와를 경외하며 그 계명을 크게 즐거워하는 자는 복이 있도다 그 후손이 땅에서 강성함이여 정직자의 후대가 복이 있으리로다"(시 112:1,2).

이 말은 "하나님의 뜻을 경외하며 사는 부모에게 복이 있다"는 뜻입니다. 부모에게 가장 큰 복은 자녀가 잘되는 일입니다. 즉, 후손이 강성해지는 것입니다. 강성한 자에게는 부와 재물과 의가 차고 넘칩니다. 다시 말해 하나님의 뜻을 경외하며 살아가는 부모는 자식한테 도깨비방망이를 물려줄 수 있다는 말입니다.

친구에 비해서 나는 어린 시절 내내 주눅이 들어서 지냈습니다. 아버지에게 인정을 받기는커녕 비정상적인 부모 관계 때문에 심한 갈등에 시달려야 했습니다. 부모의 빗나간 자존심의 희생물이 되기도 했고, 어머니의 한이 전이되기도 했습니다. 그 때문에 내 어린 시절의 기억은 일부분을 제외하면 모두 회색빛깔로 채워져 있습니다. 이런 이유로 나는 한동안 부모, 특히 아버지에게서 어떠한 정신적인 유산도 물려받지 못했다고 생각한 적이 있습니다.

아버지의 유산① 설거지

30대 중반이 되어서야 나는 비로소 아버지에게서 물려받은 유산을 발견했습니다. 어느 날 부엌에서 그릇을 씻고 있는 내 모습이 아버지와 그대로 닮아 있음을 발견하고 소스라치게 놀랐습니다. 비록 딴살림을 차리기는 했지만, 아버지는 집에 있을 때 늘 설거지를 도맡아 하셨습니다. 아버지가 어머니를 사랑하는 나름의 방법이었던 것입니다. 그것을 발견한 순간 아버지를 향한 그리움이 내 안에서 분수처럼 터져나왔습니다.

"아버지, 아, 아버지!"

눈물이 주체할 수 없이 흘렀습니다. 설거지를 하면서 아내와 자식을 향한 미안한 마음을 삭였을 아버지의 수줍은 사랑법이 가슴을 쳤습니다.

언제부턴가 나도 그런 아버지를 닮아 설거지를 즐겨하고 있었던 것입니다. 그 날 이후 나는 이력서의 취미란에 꼭 '설거지'라고 기입합니다.

설거지를 하고 있으면 마음이 차분해지고 정돈이 됩니다. 어떤 때는 은혜를 받기까지 합니다. 언젠가 어떤 교회에서 이런 얘기를 했더니 권사님 한 분이 나를 구석으로 데리고 가서는, "목사님, 설거지하다가 은혜받았다고 하면 어떡해요? 성경 보고 기도하다가 은혜받았다고 해야지요"라며 충고해준 일도 있습니다. 물론 성경을 보거나 기도할 때도 은혜를 받지만 설거지할 때도 은혜를 받습니다.

내게는 집안에 들어설 때마다 부엌 쪽으로 고개를 돌리는 묘한 버릇이 있습니다. 싱크대에 그릇이 얼마나 쌓여 있나 보기 위해서입니다. 설거지거리가 많이 쌓여 있으면 괜히 기분이 좋아집니다. 이런 나를 보고 "부인을 무지무지 사랑하시나봐요?"라고 물어오는 사람도 있습니다. 하지만 심하게 부부싸움을 하고 나서도 설거지통에 손이 가는 걸 보면 꼭 그런 이유만은 아닌 듯 싶습니다.

앞서 말했다시피 내 설거지 취미의 원조는 나의 아버지입니다. 아버지는 절대로 밖에 나가서 일하는 법이 없었습니다. 어머니가 일꾼들을 거느리고 농사를 짓는 동안 아버지는 집안에서 설거지를 도맡아 했습니다. 아내에 대한 미안함을 그런 식으로라도 덜어보려 했던 것인지도 모릅니다. 아무튼 아버지는 친구들에게 놀림을 당하면서도 천연덕스레 부엌일을 했습니다. 아버지는 내가 초등학교에 입학하자 부엌일을 내게 물려주었습니다.

"이제부터 설거지는 네 차례다."

그때부터 중학교에 진학하러 목포로 나올 때까지 나는 지긋지긋하게 설거지를 해야 했습니다. 아침마다 식구들은 왜 그리 꾸물거리는지, 설거지 때문에 학교에 늦을까봐 안달했던 모습이 지금도 눈에 선합니다. 그때는 정말이지 설거지하기가 죽기보다 싫었습니다.

목포로 나오면서 그 지긋지긋한 설거지와도 영원히 이별을 고하는 것 같았습니다. 하지만 유학생활을 하면서 나의 설거지는 다시 시작되었습니다. 그러다가 내게 물려준 아버지의 유산을 새롭게 발견하게 된 것입니다.

그날 이후 설거지는 내 취미이자 가정의 화목을 지켜주는 도구가 되었습니다. 아버지는 나에게 뛰어난 지도자가 될 수 있는 유산을 물려주지는 못했지만, 설거지를 즐겨하는 가정적인 유산을 물려주신 것입니다. 그 유산이 얼마나 대단한 것인지 예전에는 미처 깨닫지 못했습니다.

아버지의 유산② 물긷기

설거지를 통하여 내가 발견한 아버지의 유산은 이것 말고도 많습니다. 물긷기도 그 중 하나입니다. 약 50호 정도 되는 고향 마을은 섬이라서 물이 귀했습니다. 온 마을이 우물 하나에서 물을 길어다 먹었습니다. 물긷기가 큰 노동에 속했는데도 당시에는 물긷기가 온전히 여자들만의 몫이었습니다. 아무리 녹초가 되도록 들일을 하고 들어와도 다시 무거운 물동이를 이고 물을 길어다가 식구들의 밥을 지어야 했습니다. 더욱이 가뭄이라도 들라치면 약해진 물줄기 때문에 밤새도록 물을 받아야 했습니다. 하지만 우리 집은 달랐습니다. 어머니가 물 길러 가는 일은 거의 없었습니다. 대신 아버지가 항아리 가득 물을 길어다 채워놓곤 했습니다.

섬을 통틀어 물긷는 남자는 우리 아버지뿐이었습니다. 아버지 친구들이 늘 아버지를 놀려댔습니다.

"이놈아, 물 길러 다니려면 그걸 떼버려."

그래도 아버지는 태연하기만 했습니다.

"이놈들아, 어떻게 여자한테 이렇게 무거운 걸 들라고 시킬 수 있냐? 그건 내가 해야지."

다른 여자와 딴살림을 차리고 살던 아버지의 참으로 이해할 수 없는 일면이었습니다. 아버지의 삶의 방식을 혐오해서 절대 아버지를 닮지 않겠다고 발버둥치던 내가 어느 날 아버지와 꼭 닮아 있는 나 자신을 발견했을 때 한순간 충격을 받았습니다. 하지만 그 닮은꼴 부분에서 가족을 향한 아버지의 사랑을 확인할 수 있게 되었고 아버지의 인생에 대해서 좀더 이해할 수 있게 되었습니다. 고등학교 1학년 때 돌아가신 아버지가 지금 너무나 그립습니다.

치유의 달란트

어머니로부터 나는 많은 좋은 유산을 물려받았지만 더불어 많은 상처도 받았습니다. 아버지로부터 사랑받지 못한 어머니는 유별나게 자식들에게 집착했습니다. 우리 형제가 다른 아이들보다 조금이라도 뒤쳐진다 싶으면 결코 용납하지 못했습니다. 그때문에 가슴에 피멍이 들 정도로 심한 상처를 받기도 했습니다. 지금도 어머니를 떠올릴 때면 애달픈 마음에 가슴이 먹먹합니다. 그만큼 어머니를 사랑하고 그리워합니다. 그럼에도 불구하고 어머니에게 깊은 상처를 많이 받았다는 사실을 인정할 수밖에 없습니다.

몇 년 전 웨인 오츠의 책 "신앙이 병들 때"와 "현대종교심리학"을 번역한 적이 있습니다. 그 인연으로 오츠 박사로부터 초청을 받고 함께 대화를 나눈 적이 있습니다.

"태기! 자네는 치유상담에 놀라운 달란트를 타고났네. 그 유산을 누구로부터 받았다고 생각하는가?"

"하나님께서 주셨지요."

"물론 하나님께서 주셨지. 하지만 하나님도 사람을 통해 그 유산을 주신 게 아닌가? 나는 자네가 누구로부터 그런 유산을 물려받았는지 몹시 궁금하네."

"솔직히 잘 모르겠습니다."

일주일 후 다시 만났을 때, 오츠 박사는 낯익은 종이 뭉치 하나를 내밀었습니다. 대학원에 입학할 때 내가 써낸 자서전이었습니다. 미국의 대학원에서는 입학할 때 자기 얘기를 상세히 기록한 100쪽 이상의 자서전을 써서 제출하게 하는데, 오츠 박사가 그 동안 내 자서전을 찾아 읽었던 것입니다. 그는 빨간색으로 밑줄 친 부분을 펼쳐보이며 내게 말했습니다.

"자네가 오늘날 그처럼 놀라운 치유의 달란트를 갖게 된 원동력은 바로 자네 어머니에게서 비롯된 것일세. 자, 이걸 보게나."

오츠 박사가 꼼꼼히 밑줄을 쳐놓은 부분은 전부 어머니에 관한 내용이었습니다. 특히 목포에서 중학교 다니던 시절의 이야기에는 몇 번씩이나 줄이 쳐져 있었습니다.

너 보고잡어서 왔지

어머니는 한이 많아서인지 말소리에 청승맞은 데가 있었습니다. 여동생이 전해준 말로는, 어머니가 김치를 담글 때마다 청승맞은 소리로 "아이고, 아이고, 내 새끼는 이런 것도 못 먹을 턴디…" 하면서 우셨다고 합니다. 어머니는 울기만 한 것이 아니라 옹기그릇에 김치를 담아 싸들고 나를 찾아오곤 했습니다. 여섯 시간이나 배를 타고 목포에 나온 어머니는 학교 앞에서 나를 기다렸습니다. 머리에 흰 수건을 두르고 검정고무신을 신은 모습과 직접 길쌈하여 지은 옷을 입고 김치항아리를 이고서 볕에 그을린 까만 얼굴로 두리번거리던 어머니의 모습이 지금도 눈에 선합니다. 그때는 그런 어머니의 모습이 왜 그리 창피했는지 모릅니다.

도시에 나올 기회가 거의 없던 어머니는 내 하숙집을 바로 찾지 못해서 늘 시내 한복판에 있는 학교로 나를 찾아오곤 하셨습니다. 학교로 오기는 했지만 안으로 들어오지는 못하고 정문 앞에 서서 내가 나오기를 기다렸습니다. 이런 사실은 꿈에도 모르고 친구들과 신나게 장난치며 학교를 나서던 내 눈에 항아리를 이고 서 있는 어머니가 눈에 띄면 기겁을 하곤 했습니다. 오랜만에 만난 어머니가 반갑기는커녕 쥐구멍이라도 찾아 들어가고 싶을 만큼 창피하기만 했습니다. 그럴 때는 갑자기 볼일이 생각난 것처럼 주춤거리며 친구들을 보내고 나서 몰래 숨어 있다가 슬그머니 어머니에게 다가가서 다짜고짜 다그치곤 했습니다.

"창피하게 왜 학교 앞으로 나를 찾아오는 거여?"

아무리 볼멘 소리로 윽박질러도 나를 만나 너무 기쁜 어머니는 입을 헤벌리며, "왜 오기는, 너 보고잡어(보고 싶어) 왔제."라고 할 뿐이었습니다.

"왜 해필이면 학교 앞으로 찾아오느냐 말여?"

내가 아무리 퉁퉁거리고 악을 써도 어머니의 벌어진 입은 다물어질 줄 모릅니다.

"너 보고잡어서…."

하숙집으로 가는 사이에도 길거리에 사람만 보이지 않으면 어머니에게 앙탈을 부렸습니다.

"해필이면 왜 학교여?"

"너 보고잡어서…."

어머니는 여전히 입을 다물지 못하고 예뻐죽겠다는 표정으로 나를 바라보시곤 했습니다.

어머니의 취미는 이렇게 학교 앞으로 나를 찾아오는 것이었습니다. 하지만 일 년에 한두 차례씩 꼭 똑같은 행색을 하고 찾아오는 어머니가 나는 몹시 부끄럽고 부담스러웠습니다. 고2 때부터는 아예 찾아오지 말라고 단단히 으름장을 놓았기 때문에 어머니는 더 이상 나를 찾아오지 못했습니다. 대신에 집에서 예의 그 청승맞은 목소리로 한탄을 늘어놓았습니다.

"내 새끼도 다른 집 새끼들처럼 모자 쓰고 교복 입고 가방 들고 나오는 모습을 교문 앞에서 보고잡은디…."

당시엔 섬에서 뭍으로 나와 공부하는 경우가 쉽지 않기 때문에 어머니는 학생복을 입은 아들의 장한 모습을 보기 위해 일부러 교문 앞으로 찾아오셨던 것입니다.

어매! 어매!

웨인 오츠 박사는 이 부분에 밑줄을 치면서 눈물을 흘렸다고 했습니다.

"자네에게 이런 훌륭한 어머니가 계셨다는 걸 몰랐네. 자네가 가진 달란트는 자네 어머니에게서 나온 것이 틀림없어. 이건 하나님의 은총일세."

오츠 박사의 얘기를 들으면서 나는 가슴이 미어지는 아픔을 느꼈습니다. 그때는 이미 어머니가 심장마비로 세상을 떠난 뒤였습니다. 오츠 박사에게서 내 자서전을 받아들고 나는 큰소리로 울고 말았습니다. 오랫동안 쌓여온 회한의 감정이 봇물처럼 쏟아져나왔습니다.

"어매가 이 말을 직접 들었어야 허는디… 어매! 어매!"

어머니가 이 말을 살아서 들으셨다면 얼마나 좋아라 하셨을까? 아마도 기뻐서 동네방네 자랑을 하고 다녔을 것입니다. 하지만 이미 어머니는 이 세상에 계시지 않습니다. 세상 어디에고 이 어리석은 아들의 잘못을 용서해줄 어머니는 없는 것입니다!

지금도 가끔 김치단지를 머리에 이고 얼굴 가득 함박웃음을 짓고 서 계시는 어머니의 영상이 눈에 밟히곤 합니다.

"너 보고잡아서 왔제…."

모든 부모는 어떤 식으로든 자식에게 유산을 물려줍니다. 불행한 유산이든 행복한 유산이든 자식은 부모가 물려준 유산의 영향으로부터 자유로울 수 없습니다. 특히 불행한 유산은 하나님의 특별한 개입이 없다면 결코 단절되지 않습니다. 불행한 유산으로부터 자유하려면 사람, 특히 가족을 통해 하나님께서 주신 치유의 달란트를 발견하는 것이 중요합니다.

12. 영적 유산이 사람을 변화시킨다

나의 부전공은 '가문 연구'입니다. 가문 연구란 왜 어떤 가문에서는 훌륭한 인물이 많이 배출되고 어떤 가문에서는 문제의 인물이 많이 배출되는가를 연구하는 학문입니다.

자식을 기르는 모든 부모는 한결같이 자식이 잘되기를 바랍니다. 그래서 할 수 있는 한 자녀교육에 헌신합니다. 그런데도 사회를 어지럽히는 문제의 인물들은 날로 증가하고 있습니다. 좋은 대학을 나와 고위직에 오르고도 수백 억씩 공금을 횡령하는 사람도 있고, 대학교수가 되고서도 재산 때문에 부모를 살해하는 경우도 있습니다. 그런가 하면 박봉에 시달리면서도 정성껏 이웃을 돌보는 사람이 있고, 심지어 장애를 가진 몸으로 다른 장애인을 돕는 이들도 있습니다. 이런 여러 유형의 사람을 만들어내는 곳이 바로 가정입니다. 가문은 이런 가정의 전통이 축적되어 있는 '확대가정'이라고 말할 수 있습니다.

조나단과 스미스 가문

미국의 보편적인 가정을 대표하는 가문으로 '조나단'과 '스미스' 가문이 있습니다. 18세기 말 조나단과 스미스라는 평범한 두 청년이 비슷한 시기에 결혼하여 가정을 이루었습니다. 조나단 가정은 평범했지만 부부가 화목하고 하나님을 사랑했습니다. 정직하고 성실한 생활 태도를 갖추었고, 아이들을 하나님의 선물로 여겼습니다. 반면 스미스 가정은 알코올 중독과 도박이 끊이지 않았고 부부 사이도 극도로 나빴습니다. 신앙심도 없었고 생활 태도도 바르지 못했습니다. 이런 상황이니 아이들에게 깊은 주의를 기울이지 못하는 것은 당연했습니다.

2백 년이 지난 뒤 학자들이 이들 가정을 조사해보았습니다. 조사 결과는 참으로 놀라운 것이었습니다.

먼저 스미스 가문입니다. 이 가문에서는 지금까지 109명이 사형을 당했고, 후손의 3분의 1 이상이 정신병을 앓았으며, 절반 이상이 문맹자로 마약사범과 알코올 중독자, 범죄자의 길을 걸었습니다.

반면에 조나단의 가문에서는 부통령 1명, 주지사 3명, 대학총장 13명, 변호사 149명, 판검사 48명, 목사 116명, 장·차관 82명, 사업가 75명, 발명가 25명, 의사 68명, 교수 66명이 배출되었습니다.

어째서 한 가문에서는 엄청난 비극이 계속되는데, 다른 가문에서는 영향력 있는 후손들이 계속 배출되는 것일까요? 조나단의 후손들이 보통사람들보다 뛰어난 머리를 갖고 태어나기 때문일까요? 전문가들은 이 질문에 분명히 아니라고 대답합니다. 조사에 따르면, 지능지수는 오히려 스미스 가문이 더 높았다고 합니다. 그렇다면 이들 두 가문을 결정적으로 구별짓게 만든 차이는 무엇이었을까요? 그것은 바로 그들이 받은 유산에 있습니다. 두 가문의 후손이 받은 정신적·영적 유산이 그들을 구별짓게 했던 것입니다.

조나단의 후손들은 선조로부터 유별나게 큰 그릇을 유산으로 물려받았습니다. 이 그릇은 스스로 만들 수 있는 것이 아닙니다. 부모로부터만 받을 수 있으며, 특별히 부모의 금실에 따라 그 크기가 정해집니다.

부부의 사랑이 크면 클수록 자녀들의 마음속 그릇도 커져서 많은 유산을 담을 수 있습니다. 그릇이 큰 사람은 목사님의 설교를 듣거나 성경을 읽을 때, 또 다른 사람과의 교제 등 모든 관계에서 많은 것을 받아들이고 내면화한 뒤 힘과 지혜와 건강이라는 에너지로 방출합니다.

반면에 부부싸움을 심하게 하거나 미움이나 불신으로 서로를 대하는 부부는 자식들에게 아주 작은 그릇 또는 깨진 그릇을 유산으로 물려주게 됩니다. 그릇이 작거나 깨져 있으면 교회에 나와서도 밤낮 졸기만 합니다. 설교말씀이나 여러 관계에서 가질 수 있는 유익을 담아내기에 그릇이 너무 작기 때문입니다.

학자들이 두 가문에 대해 비교·연구하면서 발견한 것은, 부부가 믿음과 소망과 사랑의 질서 속에서 서로 존경하며 사는 모습을 자식들에게 보여주는 것만큼 큰 유산은 없다는 것이었습니다. 그들은 이 가문 연구를 끝내면서 이렇게 말했습니다.

"미국의 부모들이여, 자녀들이 잘되기를 바라십니까? 그렇다면 부부끼리 화목하게 지내십시오. 부부가 서로 사랑하고 존경하면 자녀들은 저절로 잘될 것입니다."

한국의 부모들은 자신들의 문제는 뒷전으로 미룬 채 자식들에게만 지나치게 신경을 씁니다. 그리고 그것을 교육이라고 생각합니다. 하지만 그것은 잘못된 생각입니다. 미국이 오늘날 윤리적으로 엉망이 되어가는 이유는 수많은 이혼으로 가정이 파괴되어버린 데 그 원인이 있습니다. 겉으로는 세계 최강국처럼 보이는 나라이지만 사실 희망이 없는 나라가 바로 미국입니다. 미국에서는 이미 3분의 1의 가정이 깨어져버렸습니다.

영적 유산 저축하기

데이빗 옥스버그 박사는 조나단 가족을 모델로 하여 부모로부터 받은 영적 유산을 물질적인 값으로 환산해보았습니다. 그의 계산에 따르면, 부모가 서로 사랑하고 존경하는 모습을 한 번 볼 때마다 자녀는 4천 달러 정도의 유산을 물려받게 된다고 합니다.

조나단 가문의 자녀들은 아침 일찍부터 어머니, 아버지가 정답게 마주앉아 예배드리는 모습을 봅니다. 퇴근해 들어오던 아버지가 평화로이 저녁식사를 준비하는 어머니의 어깨를 살짝 껴안고 귓가에 사랑한다고 속삭여 줍니다. 저녁인사를 하려고 부모님의 방문을 열면 두 분은 어김없이 다정한 모습으로 성경을 읽고 있습니다. 그 모습을 보는 자녀들은 하루에도 만 달러가 넘는 유산을 받고 있는 셈입니다. 하루에 만 달러 이상의 유산을 받은 아이가 잠자리에 들었을 때의 기쁨과 충만감을 어찌 말로 다 표현할 수 있겠습니까? 다음날도 그 다음날도 돈으로 계산할 수 없는 유산을 물려받으며 자란 아이들의 마음속에 큰 그릇이 준비되는 것은 당연한 일입니다. 이런 식으로 고등학교를 졸업하고 집을 떠날 때까지 조나단의 자녀들이 부모로부터 받게 되는 유산은 평균 천만 달러에 달했다고 합니다.

부모로부터 물려받은 영적 유산은 살아가면서 도깨비방망이 같은 요술을 부리게 됩니다. 또 이 유산은 아무리 퍼내어 써도 줄어들지 않습니다. 이런 유산을 가진 사람은 어느 곳에서든 두각을 나타냅니다. 더 이상 소망이 없어보이는 곳에서도 소망을 일구어낼 줄 압니다. 이 유산은 또한 세금을 내지 않고도 대대로 상속됩니다. 자식은 부모를 닮기 때문입니다.

이 비밀을 알게 된 당신은 이제부터 부자입니다. 오늘부터 자녀들의 마음속에 이 유산을 저축해주십시오. 매일 어느 정도의 유산을 자녀의 마음속에 저축하시겠습니까? 지금 당장 눈을 감고 기도하면서 자녀의 마음속에 얼마 정도의 유산을 저축할 것인지 생각하십시오. 그래서 자녀가 당신 곁을 떠날 때쯤에는 어느 정도의 유산을 가져 갈 수 있겠습니까? 그러나 터무니없는 욕심은 내지 마십시오. 자신이 할 수 있을 정도만 하는 것이 좋습니다. 이제 다음과 같이 기도하십시오.

"하나님, 저희들이 중대한 문제를 가지고 기도합니다. 성령으로 저희 부부의 마음속에 함께하사 우리 아이들에게 영원히 줄어들지 않는 귀한 영적 유산을 물려줄 것을 이 순간 결단하게 하옵소서. 아멘."

영적 유산 물려주기

퍼내고 퍼내어 써도 영원히 줄어들지 않는 영적 유산을 자녀들에게 물려주고 싶다면, 믿음과 소망과 사랑의 질서 속에서 부부가 행복하게 사는 모습을 아이들에게 보여주어야 합니다. 그런데 만일 배우자가 유산을 물려주는 이 작업에 동참하지 않는다면 어떻게 할까요? 그렇다면 배우자에게 진지하게 호소해야 합니다. 자식의 행·불행이 달린 일이고, 궁극적으로는 부부의 행복이 달린 일이기 때문입니다.

자식을 위하자는 진실한 호소에 마음을 닫아버릴 부모는 아무도 없습니다. 다시 강조하지만 이것이야말로 가장 가치있는 유산을 물려주는 방법입니다. 지금부터 날마다 자식들의 마음속에 차곡차곡 유산을 저축해가시기 바랍니다. 만일 서로에 대한 애정이 눈곱만치도 없어서 진정으로 화목한 모습을 아이들한테 보일 수 없는 부부라면 아이들 앞에서 '쇼'라도 하십시오. 아이들에게 좋은 유산을 물려주기 위해서 부부간의 냉전은 잠시 접어두고 함께 찬송하고 기도하는 모습을 아이들에게 보여주도록 노력하시라는 말입니다.

행복한 부모 관계를 보고 자란 자녀는 강한 확신과 자신감을 갖게 되고 모험을 두려워하지 않게 됩니다. 그래서 보통사람은 엄두도 낼 수 없는 일도 거뜬히 해내게 됩니다. 이런 사람만이 역사의 주인공이 될 수 있습니다. 이런 사람의 마음속에는 '내 뒤에는 하나님이 계시다'는 영적 바탕이 자리잡게 됩니다. 늘 기도하고 찬송하고 성경을 읽는 부모의 모습을 통해서 신앙심을 키운 자녀들은 인생 속에서 불가능을 가능으로 바꾸어갑니다.

호랑이를 잡은 개

개가 호랑이를 잡은 얘기를 아십니까? 꿈에 대해 연구하러 미국의 곤자가대학에 가 있을 때 평소 안면이 있던 한 교포로부터 파티 초대를 받았습니다. 나를 초대한 강동만 집사는 성공한 사업가였는데, 알아주는 사냥꾼이기도 했습니다. 그는 스노카를 타고 눈 덮인 산 속을 누비면서 맹수 사냥을 즐겼습니다.

강 집사는 폭설에 뒤덮인 도시 근처의 산으로 사냥개 두 마리와 함께 사냥을 나갔다고 합니다. 사슴이나 한 마리 잡을 요량이었습니다. 산에 도착한 강 집사가 잠깐 쉬려고 정차했을 때, 데리고 간 두 마리의 사냥개가 쏜살같이 차에서 뛰어내려 어딘가로 사라져버렸습니다. 미처 잡을 새도 없었습니다. 잠시 후 강 집사의 귀에 산이 떠나가라 짖어대는 개들의 소리가 들려왔습니다.

'사냥감을 잡았구나!'

강 집사가 소리나는 곳에 도착했을 때 사냥개들은 소나무 위를 쳐다보며 짖어대고 있었습니다. 사냥감이 소나무 위로 도망친 모양이었습니다. 그는 평소처럼 사냥감이 있는 나무 밑에 스노카를 바짝 들이대고 위를 올려다보았습니다. 순간 그는 하마터면 기절할 뻔했습니다. 집채만한 호랑이가 머리 위에서 그를 내려다보고 있었기 때문입니다. 그는 반사적으로 총구를 겨누었고, 다음 순간 호랑이가 쿵 소리를 내면서 바닥으로 떨어졌습니다. 땅에 떨어진 호랑이의 몸에서 붉은 선혈이 분수처럼 뿜어져나왔습니다. 정말로 눈 깜짝할 사이에 일어난 사건이었습니다.

겨우 정신을 수습한 강 집사는 호랑이를 집으로 운반해왔습니다. 그리고 그 호랑이 고기로 파티를 열었습니다. 귀한 호랑이 고기로 하는 파티라서 내로라 하는 인사들이 많이 참석했는데, 다들 호랑이 박제를 보고 놀라워 했습니다. 박제만 보아도 섬뜩함이 느껴질 정도로 당당한 위엄이 느껴지는 호랑이의 모습이었습니다. 과연 백수의 왕답다는 생각이 들었습니다. 그런데 어떻게 이 굉장한 짐승이 보잘것없는 사냥개 두 마리에게 몰려서 그의 손에 잡히게 된 것인지 궁금했습니다.

어떻게 호랑이를 잡았느냐고 묻는 내 말에 강 집사는 자신도 얼떨결에 잡았다며 웃어보였습니다. 사냥개가 호랑이를 잡은 이 사건은 지역 신문에 대서특필되기도 했습니다.

호랑이가 개를 잡은 것이 아니라 사냥개가 호랑이를 잡은 이 사건은 분명 우리에게 시사하는 바가 큽니다. 개는 호랑이 앞에서 오금도 펴지 못한다는 것이 상식입니다. 그런데도 강 집사의 사냥개들은 2킬로미터 이상 호랑이를 추격해서 소나무 위로 도망치게 했고, 결국 호랑이 사냥에 성공했습니다. 상식이 보기 좋게 무너져버린 사건이었습니다.

심리상담에서는 이런 현상을 간단히 설명할 수 있습니다. 강 집사의 사냥개들은 그 동안의 경험으로 주인의 총 앞에서 쓰러지지 않는 짐승이 없다는 사실을 알고 있었고, 무서운 곰을 여러 번 사냥한 경험도 있었습니다. 자신들의 오금을 저리게 하던 어떤 동물도 주인의 총구 앞에서는 마른 짚단처럼 픽픽 쓰러져버렸습니다. 이런 경험이 반복되면서 사냥개들의 마음속에는, '내 뒤에는 주인이 있고, 주인의 총 앞에서 쓰러지지 않는 짐승은 없다' 는 자아상을 갖게 된 것입니다. 그들 뒤에 주인이 버티고 있는 한 그들에게 두려운 짐승은 없었던 것입니다.

반대로 호랑이는 몹시 당황했습니다. 모든 짐승이 자기만 보면 두려워 떨며 오금을 못 펴는데, 감히 사냥개 주제에 먼저 덤벼들며 쫓아오니 백수의 왕이라는 호랑이도 순간 당황하고 만 것입니다. 잠깐 자신의 정체감에 혼란을 느꼈는지도 모릅니다. 아무튼 비정상적인 개의 선제공격에 기선을 제압당한 호랑이가 도망치다가 다급해지자 소나무 위로 피했고, 강 집사의 총에 처참하게 죽임을 당한 것입니다.

'내 뒤에 주인이 있다'는 사냥개의 확신이 이런 놀라운 결과를 낳았습니다. 개가 호랑이를 잡았다는 도저히 믿어지지 않는 전무후무한 일이 벌어진 것입니다. 이 사냥개들이 가진 자아상(주인에 대한 확신)이 오늘 우리에게도 필요합니다. 어떤 면에서 우리는 모두 이 사냥개와 같습니다. 특히 믿는 사람은 하나님 앞에서 목표를 향해 달려가는 사냥개와 비슷합니다. 어떤 사람은 확신을 갖고 목표를 향해 달려가고 또 어떤 사람은 중도에 포기해버립니다. 자신의 모습에 연연하지 않고 '함께하시는' 하나님의 능력에 확신을 갖고 달려가는 자는 반드시 목표를 달성하게 됩니다.

'하나님이 나와 함께하신다'는 확신은 부모 관계로부터 비롯됩니다. 믿음과 소망과 사랑이라는 하나님의 질서 가운데 서로를 존중하며 사는 부모의 모습을 보면서 자란 자녀는 도우시는 하나님상을 마음속 깊이 심어갑니다.

어떤 모습으로 사느냐에 따라 부모는 다양한 유산을 자식들에게 물려줍니다. 스미스 부부는 자식들에게 좋은 자아상(유산)을 심어주지 못해 수많은 후손들을 사형장과 교도소로 보냈고, 알코올 중독자와 마약중독자, 정신병자로 살게 했습니다. 반면에 좋은 부부 관계의 모델을 보여준 조나단 부부는 후손들에게 풍요로운 삶의 유산을 물려주어 세상에 좋은 영향을 미쳤습니다.

당신은 부모로부터 어떤 유산을 받았습니까? 얼마나 큰 그릇을 물려받았습니까? 그 안에는 좋은 유산이 얼마나 많이 저축되어 있습니까? 또한 자녀들에게 어떤 그릇을 물려주고 있으며 그 유산을 얼마나 저축해두었습니까?

수렁에서 건진 아들

마지막으로, 좋은 부모 관계가 자식들에게 미치는 영향이 얼마나 큰가를 보여주는 사례를 하나 소개하겠습니다. 이 사례는 내가 한신대학교 수원 캠퍼스에서 직접 경험한 내용입니다.

당시 나는 매주 금요일마다 수원캠퍼스에서 강의를 하고 있었습니다. 어느 날 40대의 한 남자가 나의 연구실을 찾아왔습니다. 자신을 김 집사라고 소개한 그 남자는 자조섞인 말투로 자신의 고민을 털어놓기 시작했습니다.

"저는 돈은 좀 벌었는데 자식농사는 완전히 망쳐버렸습니다."

그에게는 중학교 2학년, 초등학교 6학년, 4학년에 다니는 세 아들이 있는데 세 아들 모두 가출을 밥 먹듯 하고 본드를 흡입한다고 했습니다. 가출한 아이들은 막내아들만 수원시에서 발견되고 위의 두 아들은 전국을 떠돌아다니다가 발견되기 일쑤였습니다. 어느 때는 대구 경찰서에서, 어느 때는 목포 경찰서에서 아이들을 찾아가라는 연락이 왔습니다. 궁리 끝에 그는 대학생 두 명을 고용해서 아이들을 감시해 보기도 했지만, 아이들은 어떻게든 집을 뛰쳐나갔습니다. 어느 땐가는 한밤중에 화장실 문을 뜯어내고 가출을 감행하기도 했습니다. 이런 아이들 때문에 김 집사는 반미치광이가 되다시피했습니다.

하지만 모든 아이는 어른의 작품입니다. 문제아이의 배후에는 반드시 문제부모가 있습니다. 김 집사의 가정 역시 문제투성이였습니다. 그들 부부는 싸움을 하지 않는 날이 거의 없을 만큼 서로를 증오했습니다. 부부싸움을 할 때도 사생결단을 할 것처럼 격렬하게 싸웠습니다. 눈에 쌍심지를 켜고 입에 담지 못할 폭언을 쏟아내면서 육탄전도 서슴지 않았습니다. 싸울 때마다 서로를 향해 온갖 물건을 던져대며 싸우는 통에 집안이 온통 난장판이 되어버리곤 했습니다.

그럴 때마다 아이들이 새파랗게 질려서 벌벌 떨곤 했습니다. 그렇거나 말거나 부부는 매일같이 싸웠고, 싸움을 하지 않는 날에도 살벌한 말들로 서로의 가슴을 헤집어놓았습니다. 한쪽이 큰소리로 "야!" 하고 부르면 한쪽이 볼멘소리로, "왜 그래?" 하고 맞받아쳤습니다. 부모가 이 지경이니 아이들이 집에 정을 붙일 리 없었습니다.

아이들에게 부모는 곧 하늘입니다. 그런데 하늘이 이처럼 요란스레 흔들리는데 아이들이 어떻게 불안과 공포를 느끼지 않을 수 있겠습니까? 언제 어느 때 부부싸움이 일어나 불똥이 자기들에게 튈지 몰라 전전긍긍하고 있다가 화풀이 대상으로 흠씬 두들겨맞기 예사이니 집에 정이 붙을 리 없습니다.

처음에는 호기심에 술이나 담배를 하다가 친구들 따라 본드도 마셔 봅니다. 하지만 그것도 잠깐, 집에만 들어가면 다시 불안해지고 두려워집니다. 부모를 사랑하는 마음도 있지만 몸서리쳐질 정도로 증오하는 감정이 더 큽니다. 부모는 서로 싸우는 데 정신이 팔려서 자식들에게는 전혀 관심이 없어 보입니다. 더구나 교회 집사라는 사람들이 선한 모습은커녕 추악한 모습만 보여줍니다. 그래도 교회에 가서는 거룩한 표정으로 예배드리는 모습이 더 이중적이고 가증스럽게 보입니다. 정말로 하나님이 있다면 그런 사람의 기도는 절대로 들어주지 않을 것 같다는 생각이 듭니다. 집에 들어가기가 도살장에 끌려가는 일만 같습니다. 집에 들어가느니 차라리 길거리를 쏘다니다가 아무 데서나 잠드는 것이 더 편안하게 느껴집니다. 그러다가 배가 고프면 도둑질도 하고 구걸도 합니다. 가보고 싶은 곳이 있으면 도둑기차를 타고 아무 데로나 떠납니다.

"…그런데 어떻게 나를 찾아올 생각을 하셨습니까?"

"방송에서 교수님이 하시는 말씀을 듣고 혹시 우리 아이들 문제를 풀 수 있지 않을까 해서 찾아왔습니다."

그나마 아버지로서 아들을 사랑하는 마음이 엿보여 가슴이 찡해졌습니다. 어떤 부모든 자식을 사랑하지 않는 부모는 없습니다. 단지 사랑하는 방법을 잘 모를 뿐입니다.

"한 가지 궁금한 것이 있는데, 그렇게 부부싸움을 하면서도 교회에는 열심히 나가셨나보죠? 집사까지 되신 걸 보니…."

"주일마다 감사헌금은 꼬박꼬박 합니다."

자식을 그 지경으로 만들어놓고 감사헌금만 하면 무슨 소용이 있다는 말일까? 답답한 생각이 들었습니다.

"감사헌금을 하시기 전에 부부 문제부터 해결하셔야죠. 이제부터 매주 금요일 이 시간에 상담하러 나오십시오."

내 말대로 김 집사는 어김없이 금요일마다 나를 찾아왔습니다. 김 집사와 세 번째 만나던 날, 나는 흉측한 환상을 보았습니다. 다 자란 그의 세 아들이 모두 푸른 죄수복을 입고 나란히 서 있는 모습이 보였던 것입니다. 마치 영화의 한 장면처럼 그 모습이 선명하게 눈앞을 스쳐갔습니다. 김 집사의 아이들을 그대로 놔둔다면 틀림없이 저런 모습이 되고 말 거라는 확신이 들었습니다. 그리고 경악할 만한 영상이 뒤를 이었습니다. 김 집사의 두 아들이 교수대에 매달려 있는 모습이었습니다.

나는 겨우 마음을 가라앉힌 뒤, 김 집사에게 내가 본 환상에 대해 들려주었습니다. 그러자 김 집사가 몸을 심하게 떨기 시작했습니다. 모진 사람이었지만 자식의 처참한 미래가 걱정되었는지 얼굴이 하얗게 질린 채 어떻게 해야 하느냐며 매달렸습니다.

"그것을 막으려면 지금 당장 부부싸움을 중지하고 정상적인 부부생활을 시작해야 합니다."

그로부터 며칠 후 김 집사의 큰아들이 가출을 했는데, 경기도 광주의 한 경찰서에서 아들을 데려가라는 연락이 왔다고 했습니다.

너 배고프지, 뭐 먹을래?

"교수님, 가슴이 떨려서 죽겠습니다. 경찰서에서 연락을 받고 나서 가슴이 벌렁거려 어쩔 줄 모르겠어요."

"아이를 데려오시면 절대로 때리지 마세요. 만일 이전처럼 아이를 구타한다면 더 이상 나와 상담을 진행할 수 없습니다."

김 집사는 이런 일로 경찰서를 들락거릴 때마다 반쯤 미쳐서는 경찰서 문을 나서는 대로 태권도 3단의 실력으로 아들을 때려눕히고 구둣발로 짓밟고 주먹질을 해댔습니다. 매를 못 이긴 아들이 입에 게거품을 물고 쓰러져도 멈추지 않았습니다. 어찌나 잔인하게 아들을 두들겨 패는지 뜯어말리던 경찰이 분을 참지 못하여 그를 때렸을 정도라고 하니 심히 걱정이 되었습니다. 물론 김 집사도 자신의 행동이 나쁘다는 것을 알고는 있었지만 순간적으로 통제력을 잃어버리게 된다고 했습니다. 이런 그의 성격이 걱정스러워 나는 여러 번 다짐을 받았습니다.

"김 집사님, 이번에 아이를 만나면 절대로 욕하거나 때리지 마세요. 꼭 '너 배고프지, 뭐 먹을래?' 라고 말하세요. 알았지요?"

"꼭 그렇게 말해야 합니까? 교수님은 이런 일을 안 당해봐서 제 심정을 모르시는 것 같은데요. 경찰서에 앉아 있는 애새끼를 보는 순간 패죽이고 싶은 생각밖에 안 들어요. 그런데 어떻게 갑자기 아무 일도 없었던 것처럼 천연덕스럽게 그런 말이 나와요? 전 닭살 돋아서 못합니다."

"그렇다면 더 이상 집사님을 상대하지 않겠습니다. 지금이 아니면 아이들을 살려낼 기회가 없습니다. 지금 아들을 붙잡아주지 않으면 머지않아 환상에서 본 일들이 아이들에게 그대로 일어날 거예요."

"알겠습니다. 교수님 말씀대로 하겠습니다. 하지만 애새끼를 보면 나도 모르게 또 눈이 뒤집힐까봐 걱정입니다."

"그렇다면 경찰서에 가면서 '너 배고프지, 뭐 먹을래?' 라는 말을 계속 연습하면서 가세요. 그러면 그렇게 말할 수 있게 될 겁니다."

다섯 가지 행동 지침

김 집사는 내가 시킨 대로 경찰서에 도착할 때까지, "너 배고프지, 뭐 먹을래?"라고 수백 번 연습하면서 갔습니다. 다른 때 같았으면 경찰서에 도착할 때까지 내내 부인과 싸우며 갔을 테지만, 이 말을 연습하느라 싸우는 일도 잊어버렸습니다. 경찰서 문을 들어서면서 김 집사는 목이 메었습니다. 처음으로, '나 때문에 내 자식이 이런 곳을 드나드는구나'라는 생각이 들었습니다.

서약서를 쓰자 유치장에 있던 큰아들이 밖으로 나왔습니다. 나오다가 아버지 얼굴이 보이자 금세 사색이 되면서 반사적으로 방어자세를 취했습니다. 아버지의 이단옆차기가 언제 어떻게 날아올지 몰랐기 때문이었습니다. 엉덩이를 뒤로 빼고 주먹 쥔 손을 허리에 대는 품이 여차 하면 아버지의 매를 피해 뛸 자세입니다. 아들의 머릿속은 온통 도망갈 궁리로 가득 차 있습니다.

밖으로 나오자 아들은 엉거주춤한 자세로 김 집사로부터 최대한 멀리 떨어져서 따라왔습니다. 그런 아들의 모습이 처음으로 측은해 보였습니다. 아이는 잔뜩 긴장해 있었기 때문에 아버지의 태도가 평소와 다르다는 것을 눈치 채지 못했습니다. 아들은 다만 어떻게 하면 맞지 않고 이 순간을 모면할 수 있을까에만 온 신경을 쏟고 있었습니다. 앞서 걸어가던 아버지가 고개를 돌려서 자기를 바라보자 아들이 화들짝 놀랍니다.

'드디어 올 것이 왔구나!'

아들이 성큼 뒤로 물러서며 방어자세를 취했습니다. 긴장과 공포로 온몸이 팽팽하게 조여왔습니다. 감정이 거의 폭발할 것 같은 순간에 아버지가 입을 뗍니다.

"너 배고프지, 뭐 먹을래?"

아들이 반사적으로 부동자세를 취하며 "짜장!"이라고 소리칩니다. 너무나 예상치 못한 아버지의 태도에 잠시 넋이 나가버린 것입니다. 아이를 데리고 중국집에 들어간 부부는 짜장면 두 그릇을 허겁지겁 비워내는 아들을 보면서 또 다시 울컥 하고 가슴이 메어 옵니다.

그날부터 부부는 나와 약속한 다섯 가지 행동을 실천하기 시작했습니다. 다섯 가지 행동이란 첫째, 부부가 함께 무릎 꿇고 기도하기, 둘째, 부부가 함께 하루에 두 번씩 찬송하기, 셋째, 부부가 함께 성경을 교독하기, 넷째, 함께 시장보기, 다섯째, 저녁 설거지를 반드시 남편이 하기 등이었습니다. 그리고 반드시 이 모든 행동을 아이들이 볼 수 있도록 하는 것이었습니다. 거기에는 아이들에게 잔소리를 하지 말라는 권면도 포함되어 있었습니다.

생쇼를 해서라도

상태가 너무나 심각한 가정이어서 극성스럽게 이 부부를 챙겼습니다. 매일 저녁 11시면 하루의 상황을 보고하도록 했고, 심지어 지방출장을 갈 때도 전화번호를 알려주면서 실천 여부를 확인했습니다. 이때 보여준 김 집사의 반응이 아주 재미있습니다. 처음에는 다 죽어가는 목소리로, "교수님, 오늘도 죽지 못해서 쇼를 했습니다"라고 말하던 김 집사가 3주쯤 지나자 울먹이는 목소리로 이렇게 말하는 것이었습니다.

"교수님, 오늘은 쇼가 아니었어요. 이 소중한 가정을 주신 하나님의 은혜가 어찌나 감사한지요. 시장바구니를 들고 집사람 뒤를 졸졸 따라다니면서 하루종일 울었습니다. 시장 사람들이 다 나와서 구경을 해도 하나도 부끄럽지 않았습니다. 설거지를 하면서도 울고, 아이들 이름을 부르다가도 울고, 가정예배를 드리면서도 바보처럼 계속 울었어요."

그들 부부에게 울음의 은혜가 쏟아진 모양이었습니다. 그들은 어디서 무엇을 하든 무엇을 보든 금세 울먹이며 감동하곤 했습니다. 처음에는 아이들을 살리기 위한 쇼였지만 차츰 진실이 되어버렸습니다. 진실한 마음으로 서로를 챙겨주게 되자 부부의 눈에 지금까지 보이지 않던 가정의 소중함이 보이기 시작했습니다. 가정의 소중함을 알게 된 그들에게 하나님의 은혜가 너무나 크고 깊게 느껴졌고, 그래서 울지 않고는 배길 수 없었던 것입니다.

이런 부모의 변화를 아이들이 모를 리 없었습니다. 전에는 전혀 느낄 수 없었던 부모님의 사랑이 느껴졌고, 다른 어느 곳보다 집이 편안하게 느껴졌습니다. 형제끼리 오손도손 우애를 나누게 된 것도 이전에 맛보지 못한 새로운 기쁨이었습니다. 3개월쯤 지나서 김 집사가 들뜬 목소리로 전화를 해왔습니다.

"교수님, 이 새끼들(아이들)이 나갈 생각을 안 해요!"

지금쯤이면 한두 놈이 가출해서 한바탕 소동이 벌어졌을 터인데, 한 녀석도 가출하지 않았다는 것입니다. 김 집사는 신기하다며 어린애마냥 좋아했습니다. 며칠이 지나도록 김 집사의 보고 내용은 "오늘도 아이들이 가출하지 않았다"였습니다.

그렇습니다. 하늘이 든든하게 버텨주는데 아이들이 왜 나갈 생각을 하겠습니까? 사실 아이들 입장에서야 나가라고 등을 떠밀어도 나갈 이유가 없습니다. 밥에, 옷에, 사랑까지 가득한 곳, 세상에서 제일 안락한 자기 집을 두고 뭐 하러 거지처럼 떠돌아다니며 사서 고생을 하겠습니까! 전에야 거지처럼 떠돌아다니면서도 집보다 밖이 더 편했지만, 지금은 상황이 전혀 다릅니다. 그렇게 8개월이 지나도록 아이들은 가출할 기미조차 보이지 않았습니다.

가장 소중한 보물

다섯 가지 행동을 실천에 옮긴 지 9개월이 되어갈 무렵 김 집사는 평생 잊지 못할 감격스런 장면을 목격했습니다. 새벽에 화장실을 다녀오던 김 집사의 눈에 아들 방에서 새어나오는 불빛이 보였습니다.

'녀석들, 불을 끄고 자야지….'

무심코 아들의 방문을 열어 본 그의 눈에 아이들의 공부하는 모습이

들어왔습니다. 초등학교 6학년인 둘째는 공부하다가 책상에 엎드린 채 잠이 들어 있었고, 중3인 큰아들은 그때까지 열심히 공부하고 있었습니다. 김 집사에게는 아이들이 그저 얌전히 집에 있어주는 것만도 신통한 일이었습니다. 그런데 공부하라는 말도 안 했는데 아이들이 스스로 알아서 새벽까지 열심히 공부를 하고 있는 것입니다. 김 집사의 눈에 이슬이 맺혔습니다. 인기척에 뒤를 돌아본 큰아들이 아버지를 보고 멋쩍게 웃어보였습니다.

"아빠, 내가 전에는 왜 그랬는지 모르겠어요."

그 순간 김 집사의 마음에 형언할 수 없는 행복감이 밀려들었습니다.

"너무 늦게까지는 공부하지 마라. 이제 그만 자야지, 몸 상한다."

김 집사는 다시 화장실로 들어가 변기에 얼굴을 박고 엉엉 울어버렸습니다.

"어떻게 우리 집에서 이런 일이, 어찌 이런 행복이…. 하나님 감사합니다!"

그날 밤 김 집사를 울렸던 큰아들은 후일 우수한 성적으로 고등학교를 졸업하고 장학생으로 대학에 들어갔고, 미국의 명문대에 유학한 뒤 사회의 동량이 되었습니다.

앞의 사례에서처럼 부모 관계가 아이들에게 미치는 영향은 절대적입니다. 아이들을 밖으로 나돌게 하는 사람도 부모이고, 본드나 마약을 마시게 하는 사람도 부모이며, 잘못된 길에서 아이들을 돌이킬 수 있는 사람도 역시 그들의 부모입니다. 이것이 부모가 자식에게 남겨주는 영적 유산입니다. 부모가 어떻게 살아가느냐에 따라 아이의 인생이 달라지는 것입니다. 믿음과 소망과 사랑의 질서 속에서 부부가 함께 행복한 인생을 꾸려가는 것, 그것이야말로 좀과 동록이 해할 수 없고 도둑이 훔쳐갈 수 없는 진정한 보물입니다. 우리 모두 행복한 유산을 후손들에게 물려주십시다.

맺는 글
내면세계 치유의 여덟 가지 원칙

이 책에서 이야기하는 치유는 전인적인 치유에 초점을 두고 있습니다. 한 그루의 나무가 큰 나무로 자라기 위해서는 여러 가지 환경조건이 필요합니다.

첫째는 씨앗의 건강 정도입니다. 튼튼한 씨앗인가 허약한 씨앗인가가 중요합니다.

둘째는 그 나무가 뿌리를 내리고 있는 토양입니다. 아무리 좋은 씨앗도 돌짝밭에서는 크게 자라기 힘듭니다.

셋째는 그 나무가 자라는 동안 겪는 기후 – 태양, 바람, 비, 그리고 온도 –가 중요합니다.

넷째는 나무 주위에 함께 자라고 있는 주변 나무들입니다. 모든 여건이 다 좋아도 주위에 칡넝쿨이 무성하다면 그것에 얽매여서 큰 나무로 성장할 수가 없습니다.

성숙을 위한 주변환경

한 그루의 나무처럼 한 사람이 성숙한 인간으로 성장하기 위해서는 주위의 여러 환경조건과 밀접한 관계를 갖게 됩니다. 그래서 한 사람을 이해하기 위해서는 다음 여덟 가지 사항을 염두에 둘 필요가 있습니다.

첫째, 어떤 부모 아래서, 어떤 가정 분위기 가운데서 성장했는가?
가정은 인간 성격의 틀을 형성하는 곳입니다. 특히 어린 시절의 가정 경험은 건강한 성격이나 병든 성격의 뿌리가 됩니다. 어린 시절 부모가 자식에게 주는 상처는 두 가지로 분류될 수 있습니다. 자식을 폭행하거나 물질로 어려움을 주지는 않았지만, 부부관계의 불안으로 인해 아이의 마음속에 두려움을 심어주는 경우의 상처입니다.

다음으로 자식에게 모든 면에서 최선을 다했지만 자식에게 사랑을 베풀 시간을 충분히 갖지 못한 경우에 생기는 상처입니다. 부모사랑이 결핍되어 생기는 상처를 말합니다. 예를 들어, 맞벌이 부부 밑에서 자란 아이, 또는 교회 목회에 쫓기느라 가정을 보살필 시간이 없는 목회자 자녀에게서 이런 상처를 종종 볼 수 있습니다.

그 다음으로는 부모로부터 직접 받는 상처가 있습니다. 신체적인 폭행이나 언어적인 폭행, 또는 자식에 대한 무관심에 의해 자리잡는 상처를 말합니다.

둘째, 어떤 문화에서 성장했는가?

한 사람이 배경으로 삼고 성장해 온 지역문화는 그의 성격 형성에 중대한 영향을 미칩니다. 그래서 그가 어떤 공동체에서 성장했는가를 파악하는 것은 치유상담에서 중요한 요건이 됩니다. 어떤 문화의 특성을 나타내는 지역에서 성장했는가? 어떤 분위기의 학교에서 어떤 친구들과 어울려 살았는가? 그가 몸담고 살았던 지역문화가 상처를 주는 풍토인가, 치유하는 풍토인가? 그가 출석했던 교회는 불안과 공포를 조성하거나 억압하는 교회인가, 넓게 감싸주는 교회인가? 그가 일주일 중 5,6일 동안 상당한 시간을 보내야 했던 학교는 상처를 주는 곳인가, 치유하는 곳인가? 유태인 공동체 안에서 사는 사람들과 미국의 일부 인디안 공동체에 소속된 사람들이 비교적 건강하다고 알려지고 있는데, 이들은 치유하는 공동체를 지향하고 있습니다. 인간의 병든 성품은 그가 어떤 분위기의 문화에서 성장했는가와 깊은 관련이 있습니다.

셋째, 청소년기를 어떻게 보냈는가?

인간의 마음속에 깊이 자리한 상처는 어린 시절에 깊이 뿌리를 내리지만, 사춘기, 즉 청소년기와도 깊은 관계가 있습니다. 어린 시절의 성격 형성에는 부모와의 관계가 중요한 반면에, 청소년기에는 주위 동료들과의 관계가 중요한 변수로 등장합니다. 어린 시절에 좋은 성격의 바탕을 마련했더라도 청소년기에 충족되어야 할 애정을 충분히 공급받지 못하면 마음에 깊은 상처가 자리잡습니다.

성인이 되어서도 시시때때로 분노를 폭발하는 사람들을 주의깊게 관찰해보면, 상당수가 사춘기에 입은 상처에 그 원인을 두고 있음을 알 수 있습니다. 급한 성격의 소유자들은 대부분 사춘기에 애정 결핍을 겪었던 사람들입니다. 그러므로 사춘기에 친구들과 활발하게 어울리지 못하는 얌전한 청소년 또는 착실한 청소년들은 대부분 치유의 대상이라고 보면 됩니다.

오늘날 우리나라 교육제도의 가장 큰 약점은 사춘기 청소년들로 하여금 마음놓고 친구들과 어울리지 못하게 하고 입시라는 불안과 공포 속에 자라게 하는 것입니다. 이런 상황에서 청소년들은 자신의 감정을 억압할 수밖에 없습니다. 그래서 소수를 제외하고는 우리 사회의 대다수가 '사춘기 고착증'이라는 중병을 앓고 있다고 해도 과언이 아닙니다.

넷째, 결혼 이후 부부간에 애정 욕구가 충족되고 있는가?

유년기와 사춘기를 건전하게 보냈다고 해도 결혼 이후 부부관계가 원만치 못하면 마음에 상처가 자리잡습니다. 사람은 음식만으로 살 수 있는 동물이 아닙니다. 음식을 공급받아야 하는 것과 똑같이 중요한 대상으로부터 사랑을 공급받아야 생명을 유지할 수가 있습니다.

결혼 이후 가장 중요한 대상은 상대 배우자입니다. 아내가 남편으로부터, 남편이 아내로부터 사랑을 받지 못하면 마음에 상처가 됩니다. 어린아이가 받는 상처처럼 깊지는 않더라도 오랫동안 배우자의 사랑을 받지 못할 때는 사망에 이를 만큼 심각한 상처를 입게 됩니다. 지금 이 순간에도 수많은 사람들이 부부간의 애정결핍에서 오는 상처 때문에 죽음의 문턱에서 괴로워하고 있습니다.

다섯째, 삶의 의미 상실에서 오는 상처를 이해해야 한다.

의미 상실로부터 오는 상처는 흔히 중년기에 접어든 사람들에게서 보여지는 증상입니다. 지금까지는 성공과 물질만능 사상에 휩싸여서 정신없이 살아오던 사람들이 중년기에 접어들면서 자신의 삶을 돌아보게 되며 앞으로 남은 시간이 지나온 세월에 비해 길지 않다는 사실을 느끼게 됩니다. 그리고는 자신이 무엇을 위해서 지금까지 살아왔는가를 생각하게 됩니다.

"나는 누구인가?"라는 실존적인 질문에 내몰리기도 합니다 그때까지 보람있는 삶을 살아왔다면 큰 문제가 없지만, 그렇지 못했다면 공허의 회오리바람에 휩싸이면서 우울증으로 빠져듭니다. 삶에 흥미를 잃어버리고 불면증에 시달리거나 젊음을 잃지 않기 위해서 발버둥을 치게 됩니다. 무료함을 견디지 못해 쾌락에 말려들기도 합니다. 이런 사람은 모두 치유의 대상입니다.

이런 증상을 그대로 방치할 경우 중년기가 병들고, 따라서 노년기도 병들고 맙니다. 이들을 치유할 수 있는 유일한 약은 신앙을 통한 영적인 의미, 자연과 예술을 통한 사랑의 의미, 그리고 보람 있는 노동을 통한 의미를 찾아 살게 하는 것입니다.

여섯째, 죄책감에서 오는 영적 상처를 이해해야 한다.

인간은 영성(靈性)을 지닌 존재입니다. 영성은 하나님과 인간을 연결하는 접촉점입니다. 인간이 하나님의 질서를 벗어날 때 양심에 가책을 느끼고 죄책감을 느끼며, 죄책감은 인간의 영적인 능력에 혼란을 초래하고 신체의 이상으로까지 발전해 갑니다. 지붕을 뚫고 내려온 중풍병자에게 예수님은 먼저 "네 죄 사함을 받았느니라"고 선언하신 다음에 "일어나 네 상을 가지고 집으로 가라"(막 2:1-12)고 말씀하셨습니다. 예수님은 중풍병의 근원이 죄책감에서 비롯되었다는 것을 알리고 싶으셨던 것입니다.

상상 외로 많은 사람들에게서 죄책감으로 인한 심리적 우울증과 신체적 이상을 볼 수 있습니다. 이들을 치유할 수 있는 유일한 길은 회개와 용서의 삶을 살게 하는 것뿐입니다.

일곱째, 치유는 믿음과 소망과 사랑이 함께 역사하는 공동체를 통해서 강하게 일어난다.

나는 하나님의 사랑을 강하게 느끼고 이웃과의 사랑을 뜨겁게 체험할 수 있는 곳은 성령이 역사하시는 소그룹 공동체라고 생각합니다. 물론 개인적으로 기도하고 회개하고 용서하는 일, 또는 개인상담으로도 치유는 가능합니다.

그러나 인간의 마음과 영의 상처는 대부분 관계에서 시작된 것들입니다. 그것도 가장 기초적 공동체인 가족관계에서 가장 많은 사람들이 마음과 영과 신체가 멍이 듭니다. 관계에서 얻은 상처는 하나님의 질서인 믿음, 소망, 사랑을 동시에 체험할 수 있는 소집단 신앙공동체를 통해 치유를 모색하는 게 좋습니다.

대부분의 상처에서 나타나는 공통적인 세 가지 증상은 불안, 절망, 분노입니다. 이런 증상을 보이는 사람들에게 지식적으로 증상과 치유를 설명하는 것으로는 치유를 일으킬 수 없습니다. 이런 사람들은 자신의 불안이 확신으로, 절망이 소망으로, 분노가 사랑으로 바뀌는 것을 체험할 때에만 온전한 치유가 이루어집니다. 이런 체험은 믿음과 소망과 사랑의 정신으로 무장한 소그룹 사람들 속에서 큰 효과를 얻을 수 있는데, 가정이나 지역공동체에서 사랑을 받지 못해 움츠러든 성격을 가진 사람도 있는 그대로의 자신을 표현할 수 있기에 안전한 치유방법이 될 수 있습니다.

여덟째, 현대의 의학, 과학, 심리학을 하나님의 창조원리 속에서 이해해야 한다.

환자를 만났을 때 의학이나 다른 학문의 도움이 필요하다고 생각되면 곧바로 전문가에게 의뢰해야 합니다. 세상의 과학과 의학도 인간을 건강하게 살도록 하기 위한 하나님의 창조원리를 담고 있기 때문입니다. 따라서 정신과 영, 신체의 치유에 임할 때 항상 관련분야의 전문가와 유대관계를 맺고 서로 돕는 것이 무엇보다도 중요합니다.